〔新装版〕

タルムード

【新五講話】

Du sacré au saint: Cinq nouvelles lectures talmudiques

エマニュエル・レヴィナス 著
Emmanuel Lévinas

内田 樹 訳
Tatsuru Uchida

人文書院

目次

タルムード新五講話——神聖から聖潔へ

Emmanuel Lévinas,

Du Sacré au Saint; Cinq Nouvelles Lectures Talmudiques, 1977

by Les Éditions de Minuit

This book is published in Japan by arrangement with Les Éditions de Minuit,

through le Bureau des Copyrights Français, Tokyo.

序　言

本書に収録された講演は一九六九年から七五年にかけて、世界ユダヤ人会議フランス支部が主催するフランス語圏ユダヤ知識人シンポジウムの席で行われたものです。一九六八年に『タルムード四講話』の題名の下に上梓された講演と同じく、活字に起こすに際して、話し言葉のリズムを崩さず、また講演の行われた状況をしのばせる表現もそのままに残しておくことにしました。

これは口伝の教えであるタルムードの一節を取り上げて論じるという本書の企図にふさわしい配慮であろうかと思います。といいますのもタルムードは長い歳月をかけて熟成し、書物の形を取るようになってもなお生ける語りに対して開かれており、いわばその挑戦を受け容れるからです。今日いささか濫用の観のある「対話」という語をもってその意を尽くすことはできません。タルムードはいかなる文学的区分にもなじまない言説です。むしろタルムードこそが文学の祖型であり、文学固有の、あるいはその特権的な場所であると言えるかも知れません。とはいえ、この語りが非エクリチュールであることをめざす以上、タルムードでは文学性は重要視されません。タルムードの深遠性は語の古拙、言い回しの簡潔となじんでおり、あるいはそれを利用しているとさえ言えるでしょう。それは迂回的に暗示することで満足している身振りに似ていなくもありません。タルムードの語りは修辞に信を置きません。といいますのも修辞はあらゆる言語活動の本質にひそみ、それ自体が魔術的な魅力を発揮し、テクストの読み筋をあらかじめ織り上げてしまうからです。タルムードは文体すなわちエクリチュールに対する無関心ゆえに完全にこの誘惑から免れています。その表現は当代の聖書註解者の多くに比べてはるかに簡明です。そもそも、これらの聖書註解者たちはタルムードが意識的にそのような簡明な表現を採用していることにさえ気づいておりません。本書に収録した五つの「タルムード講話」の冒頭の何行かを削除せずにそのままにしておいたのはそのためです。これは講演者が聴衆に向かって、あがってしまってうまく話せないと告白している前置きととられかねない部分ですけれども、それは同時に、タルムードの卓越した知性と繊細さを前にした講演者のためらい、気後れ、そして賛嘆の思いをも語っているのです。

タルムードに近づくための方法はむろん他にも存在します。私が試みているような迂遠な方法ばかりではありません。伝統的な方法にしたがう限り、このようなくだくだしい言い訳はいりません。「トーラー研究」は敬虔なユダヤ人にとっては神の意志を成就することであり、他の戒律すべてを守るのと同じ価値を持ちます。「トーラー研究」はイスラエルにおいて連綿と継承されています。「研究」はその歩みによって、その歩みが切り拓いた道によって確かなものとなります。けれどもその困難で複雑な道は、集中力、論理的思考力、そして発明の才を要求せずにはおきません。またそれとは別にもう少し自然な方法があります。歴史学者や文献学者によって厳密に適用されている方法です。彼らは科学に基づいて（とはいえ、この分野では科学はその端緒に就いたばかりですが）タルムードの遺産をその原資料から再構成しようと望んでいます。彼らは他の人々にとって崇敬の対象であったその書物の中に無数の時代錯誤と行論の矛盾を見出すでしょう。彼らはそうやって遠慮なく他者を主題化してゆくのです。

しかし本書で提示される「タルムード講話」を導いてゆくのはユダヤ教信者の敬虔さによる保証でも、「ユダヤ教学」（Wissenschaft des Judentums）に対する「確信」でもありません。私たちは歴史学者や文献学者のようにテクストの原風景（この風景は離散しながらもつねに一つであったユダヤ教徒の魂を一千年以上にわたって守り抜いてきたのです）を脱構築したくてうずうずしているわけではありません。実に長い年月をかけて、その風景の土質や地形は形成され、その地平線は描かれてきたわけですが、その風景はつねに変わることなく一つの精神性によって賦活されてきました。その精神性はタルムードという形式のうちにユダヤ人の表現を、その知性的、道徳的原形を、その叡智の輝きの反映を見出したのでした。それを源泉とする流れがさまざまな別の流れと合流して滔々たる大河となったというのも驚くべきことですけれども、その大河がたった一つの源泉から生まれたということ（これには異議のある方もいるようですが）にもまた驚くべきでしょう。さて、「生きられ」そして受け容れられたテクストに対する忠誠によって、歴史のうちに堆積したこの多様な地層が切り離されずに連続しているのが事実だとしても、私たちがタルムードのうちに踏み込んでゆくのは、例えば伝統的な研究の場合のように、律法に準拠して「実践的決定」を求めるからではありません。あるいは偉大なる律法学者たちのような思弁的名人芸（その賛嘆すべき技術が「学習の館」すなわちイェシヴォート[1]の際立った美しさを構成するのですが）に専念するためでもありません。第一、専念したくとも私たちにはその素質がありません。

　私たちにとって重要なのは、ユダヤの叡智が（あたかも大地に結びつけられているかのように）結びつけられているこのテクストに、私たち現代人の抱える諸問題に即した問いを向けること、これです。けれどもそれはテクストを自分の要求に合わせて取捨選択する権利とか、時代遅れで失効したものといつの世にも通用するものとを選別する思い上がりとかを意味するのではありません。あらかじめタルムードの語りの非修辞的性格を十分に予備的に考察した上で、その論脈の続き具合を仔細に検討することが必要です。といいますのも一見すると偶有的にしか見えない論の運びの裏にしばしば本質的なものが隠されており、そこにこそタルムード精神の息づかいを聴きとらねばならないからです。私たちの小著はこの予備的な仕事たらんとするものですが、同時にそのような仕事がなくてはすまされないという考え方そのものを示したいとも思っています。伝統的研究はこのようにして迂回的に表現される本質的意味を必ずしもつねに主題化するわけではありません。また伝統的研究はそういった主題を迂回しながら進む弁証法によって動かされているために、それを「言うまでもない」自明のことがらとして扱うきらいがあります。あるいはそれをタルムードに通じていない部外者には聴取不能の言葉遣いや文脈で語る場合もあります。私たちはそういう伝統的研究とはちがう方法で語ろうと努めました。

　最後にもうひとこと。この講演にあたっての私たちのねらいはユダヤ的叡智がどうやって宗教的なものを浄化し、あるいは脱‐神秘化するのか、その手際を示すことでした。これは古代の神話についても現代の神話についても言えることですが、ある神話を別の神話（広く流布しており、それゆえ深遠で、神聖で、普遍的だと思われているのですが、実はしばしば解釈される当の神話よりあいまいで残忍な神話）の力を借りて説明するだけの神話解釈とは対立するものです。「口伝律法」は、それが「書かれた律法」の聖句や文章を咀嚼しているように思える時でさえ、「霊魂と真理」の言葉で語っています。口伝律法は書かれた律法から、人間的なるもの、さらには宇宙的なるものについて考え抜いた果てに最後に理解しえたこととして、倫理的意味を引き出すのです。厳密に言うと本書の三番目の講話で論じた主題にしかかかわらないはずの「神聖から聖潔へ」を本書の総題としたのは以上のような理由によるのです。[1]

原注

(1) タルムードの一般的な説明については、『タルムード四講話』の序文および本書第五講の冒頭部分を参照されたい。

訳注

〔1〕 イェシヴォート　yeshivoth　ユダヤ教学院（イェシヴァー）の複数形。主にタルムード研究とラビの養成を任とする。

第一講　ユダヤ教と革命

「バーバー・メツィア」83a―83b〔1〕

【ミシュナー】

労働者を雇い入れて、彼らに朝早く仕事を始め、夕方遅くに終えるように言う者は、もしも朝早く始め、夕方遅くに終えることがその土地の習慣になじまぬものであれば、それを無理強いすることはできない。習慣が労働者に食事を出すことを命じているところでは、彼らに食事を出さなければならない。デザートを出すことを命じているところでは、デザートを出さなければならない。すべてはその土地の習慣に一致する。ある日、ラビ・ヨハナン・ベン・マティアは彼の息子に言った。「労働者を雇い入れて来い。」息子は食事付きであることを雇用条件に入れた。息子が戻ってくると、父親は言った。「息子よ、たとえもしおまえがソロモン王の食膳に出されたような食事を彼らのために支度したとしても、あのひとたちに対する約束を果たすことはできないだろう。というのは、あのひとたちはアブラハム、イサク、ヤコブの末裔だからである。彼らが仕事を始めない時は、行って、はっきり説明せよ。『あなたたちはパンと乾いた野菜しか請求してはならない』と。」ラバン・シモン・ベン・ガムリエルは言った。「彼はそういうべきではなかった。というのは、どんな場合でも、ひとはその土地の習慣にしたがうものだからだ。」

【ゲマラー】

それは自明のことではあるまいか。というのも、他より高い賃金を支払った場合には、そのひとは労働者に向かって「私があなたたちに高い賃金を約束したのは、あなたたちが朝早くから仕事を始め、夕方遅くまで働いてくれるもの、と思ってそうしたのである」と言うことができると考えられるからだ。しかし私たちのテクストは労働者たちは雇い主に向かってこう答えることができたと教えている。「あなたは私たちの仕事がより丁寧であってほしいと思って高い賃金を約束したのである。」

レシュ・ラキシュはこう言った。「雇われた労働者は、仕事から戻る時には自分の時間からそれを取る。しかし仕事に出かける時は、雇い主の時間からそれを取る。というのはこう書かれているからだ。『日が上ると彼らはしりぞいて、自分のねぐらに横になります。ひとはおのれの仕事に出て行き、夕暮れまでその働きにつきます』(『詩篇』一〇四・22―23)。しかし習慣がどう取り決めているのかを見るべきではあるまいか。もし問題になっているのが新しい街においてのことであったら、その場合は当事者たちがどこの出身者であるかを見るべきではあるまいか。もし彼らがさまざまな土地から来た者たちの寄せ集めであったら、そのような場合には、『雇い主は労働者たちをトーラーの法にしたがって雇用したのである』と言うことができる。」

ラヴ・ゼラはこう教えた(ある者はそう教えたのはラヴ・ヨセであると言っている)。「『あなたが闇を定められると、夜になります』と書かれているが、ここで『夜』というのはこの世界のことである。『夜には、あらゆる森の獣が動きます』(『詩篇』一〇四・20)。ここで『獣』にたとえられているのはこの世界の悪人たちのことである。『日が上ると彼らはしりぞいて、自分のねぐらに横になります』(『詩篇』一〇四・22)。太陽が義人の上に上ると、悪人たちは地獄にしりぞく。『自分のねぐらに横になります』(これは『自分の家で』と読まねばならない。これは義人のことである。義人はその尊厳にふさわしい住み家を持つべきものだからだ)。『ひとはおのれの仕事に出て行き』義人は彼らの報償を受け取りに行く。『夕暮れまでその働きにつく者は義人である』(『詩篇』一〇四・23)。夕暮れまでおのれの仕事を成し遂げるすべを心得ている者は義人である。」

ある日、ラビ・エレアザル・ベン・ラビ・シモンは泥棒をとらえることを任とする役人に出会った。ラビはその役人に言った。「どうしてあなたは泥棒を見破ることができるのか。彼らは『夜には、あらゆる森の獣が動きます』と書かれている、あの森の獣にも比すべきものではないだろうか。」ある者たちは彼が引いたのは別の聖句（「彼は茂みの中の獅子のように隠れ場で待ち伏せている」『詩篇』一〇・9）であると言っている。「あなたは義人をとらえて、悪人を逃したのではないだろうか。」すると役人はこう答えた。「どうして私がそんなことをするはずがあろうか。それは王の命令である。」そこでラビ・エレアザルは言った。「私がどうやるか教えよう。朝の四時（現在の午前一〇時）に旅籠に行け。もし手に杯を持って葡萄酒を飲みながら、まどろんでいる者がいたら、何者であるか尋問してみよ。もしそれが学者であったら、それは彼が学問のために朝早く起きたことを意味している。もしそれが日雇い労働者であれば、それは彼が朝早くに仕事に出かけたことを意味している。もしそれが夜に働く者であれば、彼は針を作っていたのかも知れない。もしそのどれでもない者がいたら、それが泥棒である。その男を捕まえればよい。」この話が王の耳に入り、人々はこう言った。「使信の意味を解読できる者は、使者として役に立つかも知れない。」人々はラビ・エレアザルを捜した。そしてラビは泥棒をとらえることになった。これを聞いて、ラビ・イェホシュア・バル・コルハはひとを介してこう伝えさせた。「葡萄酒の息子である酢よ、いつまで私たちの神の民を死に引き渡すつもりなのか。」ラビ・エレアザルはこう答えさせた。「私は葡萄畑の棘を取り除いている。」これに次のような反論がなされた。「葡萄畑の持主を来たらしめ、その者自身に棘を取り除かしめよ。」

ある日、洗濯屋がラビに会って、こう呼びかけた。「葡萄酒の息子である酢よ。」ラビ・エレアザルは言った。「なんと横柄な奴だろう。きっと悪人にちがいない。」ラビはこの男をとらえるように命じた。興奮が醒めたのち、ラビは男を釈放させに行った。しかし、それはもう不可能であった。というのはこのことについてはこう語られていたからだ。「自分の口と舌を守る者は、自分自身を守って苦しみに会わない」（『箴言』二一・23）。洗濯屋が絞首刑に処せられた時、ラビは絞首台の下で泣いた。その時、人々は彼にこう言った。「師よ、落ち着きなさい。

贖罪祭の日に、あの男とその息子は別の男の婚約者と罪深い関係を持ったのです。」これを聞いてラビは自分の手を自分の身体に当てて、こう言った。「喜べ、私の臓腑よ。おまえたちに確信が持てない場合でさえ、その直観は正しかったのだ。ましておまえたちが確信を持った場合はどれほど正しいことだろう。どんな蛆虫もおまえたちを喰い破ることはできまい。」しかし、だからといって、彼の心は穏やかにはならなかった。人々は彼に睡眠薬を与えた。(中略)

同じことがラビ・イシマエル・ベン・ラビ・ヨセの身にもおきた。ある日、預言者エリが彼に会ってこう言った。「いつまでおまえは私たちの神の民を死に引き渡すつもりなのか。」ラビはこう答えた。「私に何ができよう。これは王の命令なのだ。」エリは言った。「おまえの父はアジアへ逃れた。おまえはラケダイモンへ逃れよ。」

《テクスト》

毎度のことですが、知識人会議の席でタルムード講話を始める時になりますと、この会場に私よりずっとタルムードに精通しておられる方たちがいらっしゃることに気がとがめます。私よりタルムードに精通するなど珍しいことでもありませんから、私はまるで先生の前で自説を開陳する生徒のような、消え入りたいような気持になります。今年はそれに加えてユダヤ教に対する異議申し立て者たちにもびくびくすることになりそうです。当然のことながら、タルムードに精通している方たちと、ユダヤ教に異議のある方たちが同一人物であるはずもありませんから、私が苦手とするひとたちが今日はたくさんいらっしゃるということになります！

私の講話の題名はとくに指示してありません。会議全体の主題（「ユダヤ教と革命」）が私の話の内容におそらく最も似つかわしいものでしょう。題名の中の二つの名詞を結びつける接続詞に私がどんな意味を与えようと思っているかは、註解を進めてゆくうちに次第にあきらかになってゆくでしょう。今「註解」と申し上げましたけれど、これは「註解」なのでしょうか、それとも「解釈」なのでしょうか。テクストの中の意味を読むのでしょうか、それとも意味の中でテクストを読むのでしょうか。従順さなのか大胆さなのか。確実な歩みなのか、それとも冒険なのか。いずれにせよ、これはパラフレーズでもなければパラドクスでもなく、文献学でもなければ恣意でもありません。

私たちが前にしているテクストは中世のものではありません。中世というのは始まりがあって、終わりがあります（三九五―一四五三）。ミシュナー[2]が編纂されたのは紀元二世紀末のことです。ですから、このテクストは古代末期のものというわけです。古代末期といえば大変な昔です。現代の卓越した哲学者の一人がある日私にこう請け合いました。紀元二世紀末までに、すべてのことは考えられた、と。こまかいことを先にはっきりさせておきましょう。私たちのテクストの後半の部分、ゲマラー[3]という部分ですが、これはもっと時代が下がります。といってもまだ古代のうるわしい伝統が息づいていた中世初期のものです。

《雇われた労働者》

労働者を雇い入れて、彼らに朝早く仕事を始め、夕方遅くに終えるように言う者は、もしも朝早く始め、夕方遅くに終えることがその土地の習慣になじまぬものであれば、それを無理強いすることはできない。

習慣が労働者に食事を出すことを命じているところでは、彼らに食事を出さなければならない。デザートを出すことを命じているところでは、デザートを出さなければならない。すべてはその土地の習慣に一致する。

冒頭からミシュナーが「他の人間」の権利を承認していることはあきらかです。たとえそのひとが劣等な状況、自由が犯されかねない危険な状況、つまり「被雇用労働者である」という状況にある場合でさえ、その権利は尊重されねばならない、とミシュナーは述べているのです。この状況は彼の自由にとって危険です。と言いますのは、ひとは別に暴力をふるわれなくても、自分の自由を失うことがあるからです。なるほど、ひとが雇用されたり、人間同士の間の交換取り引きの中にある限り、ひとは自由意思に基づいて行動しているかに見えます。けれども商取り引きは疎外の端緒です。自由は、自分の自由意思に基づいて、不自由へと転化することがあります。私たちのテクストが教えているのは、ひとはすべてを買うことも、すべてを売ることも、ともにできない、ということです。取り引きをする自由にはおのずと規制がありますが、その規制は当の自由の名において課されるのです。ここで形をとる規制が近代の労働組合運動が要求してきたものと同じか違うか、さしあたりそれはどうでもよいでしょう。大事なのは、自由がその栄光の絶頂にいたるためには自由に制約が課せられることが必要だ、という原理です。これらの制約は精神のうちにおいて確定されます。しかるに、これらの規制は生活の物質的条件にかかわるのです。睡眠時間と食料。感嘆すべき物質主義です！　私の註解する頁の翻訳をタイプしてくれた秘書の女性は「これはまるで労働組合の文書みたいですね！」と叫びましたが、彼女の言うのももっともです。確かにこれが先駆的な「労働組合主義的テクスト」だというのは事実なのですから。課せられる規制の性質は習慣によって規定され、習慣にしたがって変化します。そもそも習慣というもの自体が専制と暴力に対するレジスタンスなのです。習慣の持つ一般性といってもまだまだ部族的でいささか子供じみたものですが、しかし、習慣が一般性を持つものである限り、それが普遍性と「律法」の母胎であることに変わりはないのです。デザートまで気遣う感嘆すべき物質主義。食料は人間という機械に必要な燃料とはちがいます。食料とは食事です。いかなる人道的雄弁といえども人間を現実的に擁護するこのテクストを軽んずることはできません。正統的人道主義、それは物質的な人道主義です。心はごく容易に労働者階級に対して開かれますが、財布の方はそうはいきません。そして最も開きにくいものが自分の家の玄関です。昨年の五月にも人々は恵まれないひとのために、自分の家の玄関ではなく、大学の門を開いて迎えたものでした。

私たちの年を経たテクストは、ちょうど今日のマルクス主義、それも人道主義的なマルクス主義(1)が認めているように、個人の権利を認めます。マルクス主義はこう言い続けています。「人間は、人間にとっての最高善である。」「人間が人間にとっての最高善であるためには、彼は真の意味で人間でなくてはならない。」それゆえ、問いはこう立てられます。「人間の友である人間は、ある限定的条件下において、いかにして人間の敵となることができたのか。」かくしてマルクス主義は、この「疎外」

と呼ばれる異常事態を、独自の与件によって決定される経済構造によって説明することになるわけです。私たちのミシュナーもまた同様に、この経済と疎外とに一定のわくをはめようとしています。ただもう一度ここでミシュナーが位置を占めている状況の細部を、つまりユダヤ教的人道主義の特性を確認しておきましょう。ミシュナーがその権利を擁護すべきだとしている人間は、何よりもまず他の人間である、ということ。まず自分であるのではない、ということ、これです。このヒューマニズムの根底にあるのは「人間」についての観念ではなく、生身の他者なのです。

《無限の権利》

ある日、ラビ・ヨハナン・ベン・マティア[4]は彼の息子に言った。「労働者を雇い入れて来い。」息子は食事付きであることを雇用条件に入れた。息子が戻ってくると、父親は言った。「息子よ、たとえもしおまえがソロモン王の食膳に出されたような食事を彼らのために支度したとしても、あのひとたちに対する約束を果たすことはできないだろう。というのは、あのひとたちはアブラハム、イサク、ヤコブの末裔だからである。彼らが仕事を始めない時は、行って、はっきり説明せよ。『あなたたちはパンと乾いた野菜しか請求してはならない』と。」

これは他者の権利の範囲についての指示です。他者の権利は実質的には無限です。たとえ私がソロモン王の財宝を持っていたとしても、それでも私は自分の義務を果たし尽くすことができないでしょう。もちろんミシュナーはここに一つの条件を付けています。ここで問題になっている他者はアブラハム、イサク、ヤコブの末裔である、という条件です。ご安心下さい。ここにはいささかも人種主義的な考え方はありません。私はこのことをある偉大な師から教わりました。タルムードの中で「イスラエルの民」という語が出てくる度に、ある比類なき運命を生きた一個の民族集団のことを念頭においてその語を理解しようとするひとがいたとしても、それはそのひとの自由です。しかしそうすることによって、そのひとはタルムードの一節の中で述べられている理念の一般性を狭めることになるでしょう。「イスラエル」というのが、「律法」を授けられた民、それゆえにその有責性と自己意識の十全な自覚に到達したはずの民を意味しているのだ、ということを失念することになるでしょう。アブラハム、イサク、ヤコブの末裔とは、「もはや幼児的段階を越えた人々」を意味しています。自分が何者であるかを自覚し、もはや教育される必要のない人々、そのような人々を前にした時には、私たちの義務には限りがありません。労働者たちは、その劣悪な条件とその仕事の粗雑さにもかかわらず、この成熟に達した人間に属するのです。興味深いことに、人間性はそのプロレタリア性によって定義されるものではありません。といいますのも、労働者階級が自分の階級状況と自分の戦いを意識したからといって、ただちに疎外が克服されるわけではないからです。革命的意識だけでは疎外からの回復を果たすことができないからです。イスラエル、すなわちトーラーの民、世界と同じだけ古い民、迫害された人々、という観念のうちには、収奪され、戦いのうちにある一階級の持つ普遍性よりさらに高度の普遍性があるからです。そして戦いの暴力性はそれ自体がすでに一個の疎外であるからです。

《アブラハムの末裔》

「アブラハムの末裔」には他にどのような意味がありうるでしょう。アブラハムに関する聖書およびタルムードの伝承を思い出してみましょう。アブラハム、それは信仰篤い者たちの父である。なるほど、そのとおりです。けれども彼はまたひとを迎え入れ、食事を提供することの術を心得たひとでありました。つまりその天幕がいつでも四方の風に向かって開かれていたひとであったのです。その天幕の入り口から彼はいつでも歓待すべきひとが通りかかるのを見張っていました。アブラハムが人々に提供した食事とはどんなものだったでしょうか。私たちはその一つを知っています。彼が三人の天使に出した食事です。もちろん彼はそれが天使だなどということは知るよしもありませんでした。もし正体を知っていたら、けちで知られたアルパゴンでさえ身を粉にして歓待に務めたことでしょう！　アブラハムの眼にはそれは三人の旅人、ネゲヴの砂漠からやってきた三人の漂泊のベドウィンにしか映らなかったはずです。三人のアラブ人です！　なんということでしょうか。彼はその三人のもとに走り寄ります。彼は旅人に「ご主人」と呼びかけました。「アブラハムの末裔」、それは父祖たちから、他者に対する決して成就することができない義務、という困難な伝統を受け継いだ者のことです。その義務から決して逃れることができないという命令を、そしてここが大事な点なのですが、義務とはまずなによりも他者の身体にかかわるものであり、他者に食事と雨露をしのぐ場所を提供することであるという命令を、受け継いだ者のことなのです。

息子が意気揚々として結んできた雇用条件を聞いてラビ・ヨハナン・ベン・マティアが恐れた理由がこれでお分かり頂けたでしょう。ラビはこう考えたのです。「私はおまえが取り決めてきた義務を引き受ける能力がない」と。「たとえソロモン王の食事を雇い人たちに出したとしても、私はそれによって彼らに対する義務を果たしたことにはならないのだ！」と。

栄華の絶頂にあるソロモン王。これは見逃してはなりません。聖書はソロモン王が民にふるまった祝宴の膳がどれほど常軌を逸したものであるかを物語るために、その宴のために屠られた動物の数をかぞえ上げています。

タルムードはその数をさらに上乗せしています（私たちが註解を加えているテクストのすぐあとの部分にその叙述があります）。聖書の数字は王の妻たちがひとりひとり王が夕食に訪れるかも知れないという期待を以て夜毎用意した食事の量を示しています。ソロモン王は正妻が三百人、側室が七百人いたと言われております。これだけの数の女たちが用意した食事がどれほどの予算規模になるのか計算してみて下さい。それでさえラビの息子が雇い入れたアブラハムの末裔である労働者の口を満たすには足りないのです。十全に人間であるところの人間に対する義務の範囲には限界がありません。今一度、リトアニアのラビ、イスラエル・サランテール〔5〕の言葉を思い出してみましょう。「わが隣人が物質的に欲しているものは、私が精神的に欲しているものである。」

それればかりではありません。私たちのテクストはもっと貴重な暗示を含んでいます。それはソロモン王の栄華でさえもアブラハムの末裔の尊厳を保証するには足りないであろうということです。アブラハムの一族のうちには国家の約束するものよりもっと多くのものが存在するのです。なるほど与えることは大事です。けれども問題はそのやり方です。個人が満足を得るのは、国家と人類の政治的進歩によってではないのです。もちろんそのことは国家を個人に満足を得させしめるための必要条件から排除することを意味するわけではありません。そうではなくて、大事なのはアブラハムの一族がその規範を定めたということです。「理念はその理念本来の価値と等価である。」それがこのテクストで暗示されていたのです。ユダヤの特殊恩寵説の遺制を一掃したいと願っておられる国家崇拝者の皆さんはお腹立ちにならないよう。

《契約》

今註解した部分がはっきりと語っていること、それはすべては他者の権利と、他者に対する私の無限の義務から開始されるということです。人間を人間たらしめているものは人間がどうこうできる範囲を越えたものなのです。人間の力によって成立する社会は、この権利と義務を制限するだけのものです。契約というものは他者の暴力を終結させるものではありませんし、「人間が人間にとって狼である」秩序――あるいは無秩序――を終結させるものでもありません。というのも狼たちが徘徊する森には、いかなる律法の成立する余地もないからです。他者が、原則として、私にとって無限のものである場所においてはじめて、私たちはある程度、あくまである程度に過ぎませんが、自分の義務の範囲を限定できるのです。契約の本義は私の権利を擁護することではなく、私の義務の範囲を限定することにあります。アブラハムの末裔は契約の必要性を理解し、契約を交わし合う能力を有しておりました。つまり彼らは契約に耐えるだけの成熟に達していたわけです。これで父親が息子に言った言葉の意味がお分かりになったでしょう。「おまえがうっかりと開いてしまった無限の義務をただちに限定しなさい。条件を限定し、決定しなさい。労働者が仕事を始めてしまう前に、契約の条項を急いで確定しなさい。ひとたび仕事が始まってしまったら、私は死ぬまで彼らに対して負債を負うことになるでしょう。」父であるラビはこう言いたかったのです。

「あなたたちはパンと乾いた野菜しか請求してはならない。」

ずいぶんと簡素な献立のように思えます。少なくとも私たちの感覚からすれば。しかしここには多様性の原則が含まれています。「と」という接続詞です。実際にこのあとの方でゲマラーはこれが「パンと乾いた野菜」なのか「乾いた野菜から作ったパン」なのかについて問いを立てることになります。ヘブライ語では一文字（ヴァヴ）を削るだけで接続詞は消えてしまい、そうなるとここは「乾いた野菜から作られたパン」（戦時中に私たちもよく食べたものです）という意味になってしまうのです。この問いに対する答えは熱がこもっています。

神にかけて、この接続詞は必要である。この接続詞は、急流を航行するのに舵が必要なのと同じくらいに必要である。

これがなければ破局が訪れるからです。たとえある契約が私たちの義務の無限性を限定する場合でさえ、その限定そのものが限界を持つことが絶対に必要なのです。他者に食糧を提供するとは、食糧に食事の性格を保つことです。決して生きる上での必要最低限を供与することであってはなりません。他者に食糧を提供する時は、どんな程度のことであれ、他者の気紛れを満足させることが必要です。そうでなければ、すべては崩れ落ちてしまうでしょう。

《習慣》

ミシュナーの三つめの段落に進みましょう。

ラバン・シモン・ベン・ガムリエル[6]は言った。「彼はそういうべきではなかった。というのは、どんな場合でも、ひとはその土地の習慣にしたがうものだからだ。」

ラバン・シモン・ベン・ガムリエルは義務の限界はつねに習慣の中で明示されると考えています。義務がそもそも無限のものであることについては、彼も異議はないものと思われます。しかし彼は習慣だけが、すなわち経験的事実と歴史と合意だけが、義務の限界と、限界づけの限界を決定すると考えます。つまり、習慣は人間たちの共存という乗り超え不能の境位に属するものであり、正義は物事の本性から生まれる、と考えているのです。ただし、このように習慣を強調してみせるからといって彼は、保守的あるいは反革命的な伝統墨守を主張しているのではありません。「革命」。それはふつう、「暴力および継続性の断絶」として定義されるようですが、実はそのような定義には収まらない事態、すなわち習慣を解釈することの拒否、習慣を刷新することの拒否ではないでしょうか。「古い皮袋に新しい葡萄酒は入れるな！　古い皮袋を、《提灯と間違えられた豚の膀胱》〔7〕を廃絶せよ！　偽りの神々の祭壇を打ち壊せ！　聖なる小枝を切れ！　真の神にそんなものを供えてはならない！　習慣にいくばくかの根拠は認めよう。だが大事なのは人間たちを習慣から解き放つことである。」これが革命です。レシュ・ラキシュ〔8〕のこのすぐあとの発言はこのような論脈のうちに置いてはじめて意味があきらかになります。

ではさっそくゲマラーの方にとりかかることにしましょう。

それは自明のことではあるまいか。

私たちの眼には非常に意義深いものと思われたここまでの議論が実は自明のことだったというのです。でしたら一体ミシュナーの法条文は何の役に立つのでしょうか。無用のものだったのでしょうか。いいえ、そんなはずがありません。次のような場合が起こりうるからです。

他より高い賃金を支払った場合には、そのひとは労働者に向かって「私があなたたちに高い賃金を約束したのは、あなたたちが朝早くから仕事を始め、夕方遅くまで働いてくれるもの、と思ってそうしたのである」と言うことができると考えられるからだ。

実際の話、高い賃金を与えれば、労働者はいやでも朝は早く起き、夜は遅く寝るだろうと予想するというのはありそうなことです。気前のよい雇い主は、その分だけ労働者が休息時間を削って余分な労働をしてくれるだろうと期待します。通常の賃金を払う雇い主に対しては、人間性への顧慮ゆえに拒否されるものでも、「金に糸目をつけない」雇い主なら買うことができるのではないでしょうか。闇市場でなら、労働者の余暇を買うことができるのではないでしょうか。ゲマラーは、残業をさせるつもりで気前よく賃金を払う雇い主に対して、労働者はどう答えるべきかを教えてくれます。「なるほど、あなたは私に普通より高い賃金を払ってくれました。けれどもそれは私にもっとよい仕事をしてほしいと思ってそうしたのだ、と私は理解しております。仕事の質についてなら私は話し合う用意があります。しかし私の人間的条件(今の場合ですと、習慣にしたがって起床、就寝する私の権利がそれに当たります)を値切るというお話でしたら、私はとりあうつもりはありません。」

しかし私たちのテクストは労働者たちは雇い主に向かってこう答えることができたと教えている。「あなたは私たちの仕事がより丁寧であってほしいと思って高い賃金を約束したのである。」

私は自分で立てた論題から少し脱線してしまったようです。私は革命についてまだほとんど話していません。けれども習慣に関して、もうひとことだけ言わせて下さい！　このタルムードからの抜粋と革命の間にはいかなる関係があるのでしょうか。

私は、本日ご発言なさった多くの方たちのように、革命を純粋に形式的に（つまり暴力あるいは所与の秩序の転覆によって）定義すべきであるという意見には反対です。それが犠牲の精神によって定義されるとも考えません。ヒトラーに従った人々の隊列の中でも多くの犠牲的精神が存在したからです。革命はその内容によって、その価値によって定義されねばなりません。というのも、革命が存在するのは、人間が解放されるところ、すなわち、人間が経済的な被決定性から脱却した場所において、であるからです。

被雇用者が自分を切り売りしない、値切りに応じないのを認める、これは革命の先行条件を認めることです。

《通勤手当》

これから見てゆくレシュ・ラキシュの発言は全く実際的な問題にのみかかわっているように見えます。「被雇用者の通勤の費用は誰が負担すべきか」あるいは、結局同じことなのですけれど、「労働者が通勤に要する時間は、労働者の持ち時間から割かれるべきか、雇い主の持ち時間から割かれるべきか」、というのがその問いです。

レシュ・ラキシュはこう言った。「雇われた労働者は、仕事から戻る時には自分の時間からそれを取る。しかし仕事に出かける時は、雇い主の時間からそれを取る。」

むろん、このためには夜明けと同時に起きなければなりません。けれども、たとえ労働者が仕事場に向かう時にはすでに夜が明けていたにせよ、また一日当たりの労働量は昼の長さをもって量られるにせよ、通勤に要する時間はそこからは控除されることになります。ただし日没までは家に帰ることはできません。そして帰路に要する時間は労働者の負担となります。日が暮れてはじめて家路につけるとは、苛酷な労働条件です！　しかししかたがありません。なんと言っても一日八時間労働とか一週間四〇時間労働とか有給休暇とかいうのとははるかに隔たった時代の話なのですから。けれども、通勤時間の問題とそれを労働時間に算入する義務の問題は現代にも通じるものです。大事なのは数字ではありません。そうではなくて、雇用条件では変更できない限界が設定されているという点が大事なのです。考えようによっては、労働組合の淵源はなるほど遠い歴史に遡るものであり、労働者の譲渡不能の諸権利を認めた最初のこの宣言には、プロレタリアの未来の脱-プロレタリア化の端緒が認められる、というふうに言うこともできるでしょう。

しかし、一体なぜそのように当たり前のことを語るためにわざわざ『詩篇』を引き合いに出す必要があったのでしょう。これこそ近代人（すべてを知っている人間のことです）の忌み嫌うタルムード的方法の不毛性の何よりの証拠ではありますまいか。彼らは論証の代わりに勝手に作り上げた観念連合を持ち出し、本当は何の関係もないテクストを無理やりくっつけるタルムードのやり方に我慢がなりません。そもそも『詩篇』とは神の前で魂から流露する詩情を歌い上げたものではないか、そんなものが労働組合の問題と何の関係があるというのだ、と彼らは言うでしょう。

《『詩篇』と労働時間》

「神への愛の中における魂の流露」というようなものが正確には何を意味するのか私にはよく理解できたためしがありませんが、いずれにせよ労働者の労働時間の確定と神への愛（詩魂の流露を伴うにせよ伴わぬにせよ）の間には何らかの関係があるのだろう、と私は考えます。それどころか、労働時間を正確に確定するということ以外に、神を愛するための多くのやり方があるとは考えられないほどです。いや、神を愛するためにそれ以上緊急なやり方があるとは考えられません。『詩篇』は苦しんでいる人間のために正義を立てるためのテクストとしてそれほど悪いものではありません。『詩篇』一〇四がどれほど詩的に完璧なものであろうとも（この点について私の意見に反対されませんように、メンミさん[9]。あなたが何を言いたいかは分かっています）、聖句22―23節が私たちに語っているのは労働時間のことなのです。

日が上ると彼らはしりぞいて（「彼ら」というのは「森の獣」すなわち野獣のことです）、自分のねぐらに横になります。ひとはおのれの仕事に出て行き、夕暮れまでその働きにつきます。

レシュ・ラキシュが『詩篇』一〇四を典拠としたのは正しい判断でした。夜が明けるので獣たちが退く時、人間は太陽とともに起きだし、その仕事を夕暮れまでやりとげるのです。テクストは正確です。私にタルムードを教えてくれた卓越した師[10]は、タルムードが何かを典拠とする時には十分な注意を払ってこれを読むように、と私に教えてくれました。この教えをこの席でご披露する機会はこれまでにもありましたので、それなりに皆さんにはその趣旨をご理解頂けたものと思っています。その師はこう教えてくれました。「タルムードの博士たちは自説の論拠として聖書のあちらこちらから聖句を引いてくるが、聖句そのものは二の次である。その聖句を論拠とする考え方がほんとうは何を言わんとしているのかを知るためには、その聖句の精神、すなわちその聖句がどういう文脈の中で出てきたのかを見なければならない」と。ですから今の場合は『詩篇』一〇四の22―23節の前後を私たちは読まなければならない、ということになります。さて、『詩篇』一〇四は主の栄光を称える『詩篇』です。けれども、この称え方は通常のそれとはいささか趣を異にしております。被造物が造物主の栄光を称えるというのは古くからある信仰心のありようですが、実際には、被造物が主を称えるのは、とりわけ被造物の姿が全く見えない時が多いようです。例えば海辺や山の中に行った時、あるいは星空を眺める時。暇がない時や、休暇を過ごすだけの金銭的余裕がない時には、被造物はあまり造物主の栄光を称える気分になれません。さて、『詩篇』一〇四は被造物の世界を（休暇の時も、就業期間も）しろしめている深遠なる調和を歌ったものです。完成された世界についての詩篇です。「わがたましいよ、主をほめたたえよ。主よ、わが神よ。あなたは限りなく偉大です。あなたは尊厳と威光を身にまとっておられます。あなたは光を衣のように着、天を、幕のように広げておられます（……）あなたは地をその基の上にすえられました。地はそれゆえとこしえにゆるぎません。あなたは深い水を衣のようにして、地をおおわれました。水は、山々の上にとどまっていました（……）あなたは境を定め、水がそれを越えないようにされました……あなたは草を生えさせられます（……）」

《労働》

ねぐらに帰る獣が出てくるのはこの詩篇の終わりの方です。日が上ると、もはや野獣の姿は失せます。完全に人間的な生活が可能となります。つまり労働が始まるのです。労働はこの詩篇の中においては不幸や、呪詛や、無意味を意味するものではありません。『詩篇』は人間の労働を天地創造の成功の一例に数えているのです。レシュ・ラキシュが典拠とした『詩篇』一〇四では、労働時間にかかわる技術的問題（私たちはそこから一個の原則を引き出したわけですけれども）にとどまらず、人間の労働の意味、そして労働者の尊厳の理由に関する命題が述べられている、ということになります。すなわち労働者の権利は、創造の一般的経済の中でのその機能に、その存在論的役割に由来するのです。

人間の諸権利と尊厳は彼が労働者であるという条件をその淵源とします。労働は光と理性の秩序に属するのです。労働する時間は、ですから、レシュ・ラキシュの見方によるならば、欲求不満と疎外の時間ではないことになります。それは呪われた時間ではないのです。労働が隷従のしるしであり、労働が奴隷のものであるかに思われていた世界において、レシュ・ラキシュはあえて労働を創造の成就のしるしとみなそうと望んだのです。

けれども、というからには、レシュ・ラキシュは革命に対する神聖な愛を持ってはいなかったということになります。というのも、その楽観的な『詩篇』読解において、彼は不幸がこの世界に労働を媒介として入り込んでくる可能性を認めていないのですから。私たちの『詩篇』はいかなる意味でも弁証法を予感しておらず、全体として見れば世界は可能な限り最高によい状態にある、と断言しております。けれども、タルムードもまた私たちと同じような不安を感じていたはずだと私は考えます。このすぐあとで私たちは『詩篇』一〇四の別の読解を見ることになるでしょう。その前にちょっと脇へそれますけれども(今さら言うまでもないとは思うのですが)、次のことをはっきりさせておきたいと思います。タルムードは、一部の知識人が考えているように、偶有的に配列された民俗伝承的な記憶の寄せ集めではありません。このテクストには内的な運動が存在します。その配列の順序はある意味作用にしたがっており、その順序そのものに意味が込められているのです。これについてものちに論じることにしましょう。

とにかく、タルムードが『詩篇』一〇四を別のしかたで読むために取り上げる場合でも、私たちはレシュ・ラキシュの立場を軽々しく放棄するべきではありません。レシュ・ラキシュが被造物の不完全性について全く盲目であったということは、まずありえません。おそらく彼の眼から見ても、当時の労働者の条件は非人間的に映ったことでしょう。しかし、それにもかかわらず、労働する人間こそは地の唯一の希望であり、労働する人間が準備する明日は悲惨な条件を補って余りある、と彼は考えていたのだと思います。いかに正統的なる革命家といえども、搾取されている者たちの条件のうちに弁証法的契機が書き込まれていることを全く否認したり、その運動に要する時間を無化したりすることはないはずです。レシュ・ラキシュはこうして、『詩篇』の聖句の上に労働時間を基づけようとして、労働者の権利を創造の秩序の上に基礎づけることになったのです。おそらく彼は聖書のテクストはそれ自体、事物の合理的（創造されたものである以上、合理的であるのは当然のことです）本性と、自然権あるいは合理的権利と適合するものである、と考えていたのでしょう。少なくとも、タルムードによって労働者の人格に賦与され、聖別された自然権の方が、個人の諸権利を保証する点においては習慣にまさる、と考えていたことは間違いありません。レシュ・ラキシュが、このような意味で習慣を理解し、そして習慣をしりぞけたのであれば、彼もまた革命的であったということになるでしょう。それゆえ、私たちは続く一節を読んでももう驚かないのです。ゲマラーはこう問いを立てます。

しかし習慣がどう取り決めているのかを見るべきではあるまいか。

ゲマラーは尋ねます。「タナイームたち[11]によってミシュナーにはっきりと、『すべてはその土地の習慣に一致する』と定式化された律法の典拠を、なぜレシュ・ラキシュは聖書のテクストから引くことが必要だと考えたのか」と。

《新しい街と律法》

レシュ・ラキシュにとって、習慣は、一般的に言って、規範としては不十分なものでした。むろん何の伝承も習慣も持たない抽象的な正義を彼が望んでいたというのではありません。それどころかレシュ・ラキシュは習慣なき社会、いわゆる非人間的社会（例えば現代の新興産業都市）を予見するくらいの想像力は備えていたのです。中世初期にあって、現代のアメリカの大都会をすでに予想していたのです！　すべては考えられていた、と申し上げたとおりです。彼らの生きる地平の具体的限界は、彼らが限界のない知的地平のうちに生きることを妨げるものではありません。ですから彼らは、ある社会が全く伝承を持たないという可能性をも予見しえたのです。

もし問題になっているのが新しい街においてのことであったら、

もし問題になっているのが新しい街においてのことであったとしても、そこの住民はどこか別の場所から来たにちがいありません。なるほど、そのとおりでした。でもその住民はいたるところから来たのでした。ご覧のとおり、アメリカ的社会あるいは産業的社会の理念がすでに思考の対象となって考えられています。

その場合は当事者たちがどこの出身者であるかを見るべきではあるまいか。もし彼らがさまざまな土地から来た者たちの寄せ集めであったら、都市は無から出現します。都市は過去を持たず、その住民たちはさまざまな土地の出身者でそこに寄せ集められています。個人はあまりにばらばらで、そのためにすべての伝承が失われてしまっています。歴史を持たぬ存在者が存在します。もはや歴史を持たないという事実は人間たちをより劣等な存在者に転化させてしまうのでしょうか。もはやアブラハム、イサク、ヤコブのような偉大なる父祖を援用できなくなってしまったという事実、あるいは象徴ぬきで言えば、自らの歴史に自覚的である、組織化され、構造化された人間集団にもはや帰属してはいないという事実、それは人間の権利を拒否するのでしょうか。いいえ、そんなことはありません。人間を伝承主義から解放しても構わないのです。その集団に固有の父祖伝来の価値観によってしか人間集団は救えない、などということはないのです。レシュ・ラキシュはトーラーの律法が場所的、時間的な制約から独立したものであることを望みました。あるがままの人間に、たとえ彼が個人主義的な孤立のうちにあったとしても、なお賦与されている永遠の法を望みました。近代社会は歴史にも、父祖伝来の文化的地層にも依存してはいません。近代社会はその秩序を、人間の威信、人間の個々の人格に基づいて再発見すべきなのです。近代社会は個的な人格の関数として成立します。習慣や神話にはもう用なしです。スピノザの言う「第一種の認識[12]」、これらの隷属のための道具とはもうおさらばだ、というわけです。

続く一節、ごく短い一節、は次のように明言しています。「たとえ歴史を持ち、伝承を持つ者たちに対してであっても、適用されるのはトーラーの律法のみである。」レシュ・ラキシュは、伝承を持たぬ者たちや産業社会の個人主義に対して適用するために『詩篇』一〇四のうちに労働時間に関する法を求めたのではありません。彼は、トーラーの法理にさえしたがっていれば、たとえ習慣や伝承があっても、それを度外視して労働者を雇い入れることも可能である、と判断したのです。

そのような場合には、「雇い主は労働者たちをトーラーの法にしたがって雇用したのである」と言うことができる。

正義にかなった法であれば、それに従い、土地の習慣は考慮しなくてもよい、ということになります。大事なのは長い歴史を持つ伝承ではなく、個々人の個的人格であることになります。

《『詩篇』一〇四のもう一つの読み方》

それでは再び『詩篇』に戻りましょう。この詩篇は、ここまでの読み方に従うと、神によって創造された世界の法理に基づいた労働の法を立てるならば、革命はなくても済ませられると教えているように思われました。次に『詩篇』一〇四の解読に挑むのはラヴ・ゼラ[13]です。

ラヴ・ゼラはこう教えた（ある者はそう教えたのはラヴ・ヨセ[14]であると言っている）。「『あなたが闇を定められると、夜になります』と書かれているが、ここで『夜』というのはこの世界のことである。『夜には、あらゆる森の獣が動きます』（『詩篇』一〇四・20）。ここで『獣』にたとえられているのはこの世界の悪人たちのことである。」

ここまでの読みにしたがえば、世界は調和的であり、秩序を転倒する必然性はないという結論において「一義的」であったはずのテクストは、ラヴ・ゼラの眼には、もっとあいまいなものに映ります。彼によれば、野獣の徘徊する夜が人間存在の一様態であるらしいのです。「悪」は人間のうちにあり、創造はそれだけではまだ秩序に達していないというのです。夜が終わり、秩序が夜にとって代わらねばなりません。悪が根絶され、悪は地獄に退き、義人はその報償を受けねばなりません。

「日が上ると、彼らはしりぞいて、自分のねぐらに横になります。」太陽が義人の上に上ると、悪人たちは地獄にしりぞく。「自分のねぐらに横になります。」（これは義人のことである。義人はその尊厳にふさわしい住み家を持つべきものだからだ。）「ひとはおのれの仕事に出て行き」、義人は彼らの報償を受け取りに行く。「夕暮れまでその働きにつく者は義人である。」夕暮れまでおのれの仕事を成し遂げるすべを心得ている者は義人である。

悪が善の役に立ったり、善が「客観的には」悪を利したりする弁証法、それは混乱と夜のことです。この混乱を一掃する革命が必要です。「善」はあくまで「善」であり、「悪」はあくまで「悪」であることが必要です。これこそ革命的理想の真の定義ではないでしょうか。なるほど、私たちのテクストはそのことを信仰者の言葉で語っています。しかし「信仰者の言葉」こそは、もし迷信に堕すことさえなければ、語っている当のことがらを象徴化したり昇華したりすることによって包摂してしまうことのない一つの語り方なのです。「信仰者の言葉」こそは、意味明瞭で、真の思考を伝え、臆断とは無縁な、一つの語り方なのです。

ここで興味深いのは、「上る太陽」のイメージにいくつかの説明が与えられ（それは偶然の結果ではありません）、それがタルムードの博士たちの関心を惹きつけている、ということです。夜の終わりは、普遍的な「愛」が世界を満たし、義人たちが天界の調和を観照しつつ日を送るような時代としては提示されていません。義人たちはおのおのその住み家を持つ、と私たちは教えられます。プロレタリアの条件、人間の疎外とは、何よりもまず、住み家を持っていないという事実ではないでしょうか。自分の家を持たず、内部を持たないこと、それは他者とほんとうの意味で交通できないこと、つまり、自己にとっても、他者にとっても、疎遠なものとして存在することを意味します。ここで義人の勝利として告知されているのは、夜の世界ののちに、絶えざる脅威の下での生存ののちに、他を脅かすと同時に他によって脅かされている野獣の生き方ののちに、恐怖と苦悩ののちに、おのおのが自分の住み家を持ち、自分の家に戻り、自己に還り、他のひとの顔を見ることができる社会が到来する、という可能性です。二番目の説明も、これまた、偶然のものではありません。ラヴ・ゼラは「ひとはおのれの仕事に出て行く」という聖句を「報償を受け取ること」と解しました。あたかも仕事そのものが報償であるかのように、あたかも労働がもはや呪われたものではなく、自由なものであるかのように……私たちはこれと同じ考え方をこののちもタルムードの随所に見出すことになるでしょう。義人の報償は彼の仕事そのもののうちに含まれています。義人の功徳に対する報償は、神の秩序に参与することができることなわけですが、同時に、義人が功徳を積むことそれ自体がすでに報償なのです。つまり功徳そのもののうちに報償が存在するのです。つまり、召命にしたがって働くこと、技芸を待つ者として働くこと、それ自体が報償となるのです。

「夕暮れまでその働きにつく者は義人である」（『詩篇』一〇四・23[15]）。夕暮れまでおのれの仕事を成し遂げるすべを心得ている者は義人である。

義人はあくまで正義のうちにとどまります。正義という固定観念を古代世界が（近代世界も同じですが）あらゆるてだてを尽くして否認したにもかかわらず。ここにも宗教的な理念が認められます！私が今取り組んでいる解釈は、何らかの手がかりを、一でありかつ多である一つの意味作用から取り出そうと望んでいるわけですけれども、その解釈といえども、宗教的な理念を廃絶するものではありません。「夕暮れまでその働きにつく者」、それはよりよい世界を信じた者、善の有効性を信じた者、人間たちの懐疑主義と歴史の教訓にもかかわらず、絶望しなかった者、居酒屋に行って人間であることの責任から逃れようとしなかった者のことです（私が挿入した「居酒屋」という語はむろん偶然に選ばれたものではありません）。うさ晴らしも、自殺も求めなかった者、有責者がその中で生きる緊張感から逃げ出そうとしなかった者。そのような者だけがおそらく「革命家」の名に最もふさわしいのです。もし皆さんが私の話を最後まで聞くだけの忍耐力をお持ちでしたら、皆さんは、このテクストのあとの方の部分が、「実存は、その語の絶対的な意味において、賭けである」という今日隆盛をきわめている形而上学的傾向に反する、そのような考え方にきっぱり反対するものであることを知ることになるでしょう。この形而上学的傾向にしたがうならば、存在は賭けであり、自由はそれほど自由ではない（というのも自由には責任がついてまわるから）ということになります。ところがタルムードではその反対に、存在は極端なほどの重量を含意しているのですが、自由から派生する責任はそれほど重いものではありません。というのも、私たちは、私たちがかかわり合ったこと（私たちのアンガジュマン）を超えて、それ以上に有責であるからです。仕事は夕暮れまで成されねばならないというのは、まさにそのような意味においてなのです。

《悪の淵源》

人間の擁護の問題、人間が擁護される秩序の実現の問題、革命の問題は、私たちを「いかにして人間的秩序は《悪》によって侵食されるのか」という中心的な問題へと導いてゆきます。この問いかけはあるエピソードから始まります。

ある日、ラビ・エレアザル・ベン・ラビ・シモン[16]は泥棒をとらえることを任とする役人に出会った。

ここに登場するラビ・エレアザルの父であるラビ・シモンとはタナイームの中でも例外的な地位を

占める、あの高名なラビ・シモン・バル・ヨハイ〔17〕のことです。彼はローマ軍の兵士から身を隠すために一三年間も息子とともに洞窟にこもったことで知られている他、イスラエルの神秘思想の伝承によれば『ゾハル』〔18〕は彼の著書ということになっています。こういった前件を看過するわけにはゆきません。というのは、そのすぐあとで、私たちは彼の息子であるラビ・エレアザルが、神秘思想とは対蹠的に、警察あるいは政治向きの資質を備えていたことを知らされるからです（捜し物をみつける以上そういうことになります）。いずれにせよ、ラビ・エレアザルに関するこのエピソードから、私たちが解釈している一節はローマ人との協力の問題にかかわるのだという結論が引き出されることになるでしょう。偉大なるテクストの特徴は、歴史の外部に出現することではなく、そのテクストの生成を動機づけた状況を越えた意味を持つことにあります。今日のテーマ、「ユダヤ教と革命」において問題になっているのは、まさしくローマ人との協力のことではないのでしょうか。テクストは（それが本来は協力の事蹟を踏まえて成立したものであったにせよ）政治と「悪」の問題、「悪」との政治的闘争の問題に、つまり革命の問題の一つの本質的側面へと向かいます。といいますのも、革命は「国家」を廃絶するものではないからです。それはもう一つの別の政治体制のためのものです。別のではあれ、政治体制であることに変わりはありません。

ある日、ラビ・エレアザル・ベン・シモンは泥棒をとらえることを任とする役人に出会った。ラビはその役人に言った。「どうしてあなたは泥棒を見破ることができるのか。彼らは森の獣にも比すべきものではないだろうか。」

なぜラビ・エレアザル・ベン・シモンは泥棒は森の獣と比すべきものであると知っているのでしょうか。タルムードの博士は典拠のない直観を語ったりはしません。

というのもこう書かれているからだ。「夜には、あらゆる森の獣が動きます。」

ここでも典拠とされるのは『詩篇』一〇四です。夜の間、動き回る者は、昼になると姿を隠します。「悪」（あるいは野獣性）とは非‐交通のこと、自分の家に閉じ籠ること、そしてその結果、自分自身に対してさえ自分の姿が見えなくなってしまうこと、これです。

しかし、ある者たちは彼が引いたのは別の聖句であると言っている。「彼は茂みの中で獅子のように隠れ場で待ち伏せている」（『詩篇』一〇・9）。

どこが違うというのでしょうか。こちらの聖句とあちらの聖句で。聖書のどこをめくってみても、信仰の篤さに変わりがあるはずもないのに。しかし、ご注意下さい！　二番目の引用は『詩篇』一〇から引かれています。『詩篇』一〇の主題は何か。それを仔細に検分してみる必要があります。タルムードの博士たちは、引用に際して、聖書の語句索引の「獣」の項目を調べたりはしません。彼らは掌を指すがごとくにテクストに通暁しており、そのニュアンスの微妙な差異を知悉しております。彼らは自分たちをわざと素朴な精神の持主にみせかける遊びを楽しみますが、実際にはテクストとそれが扱っている問題を完全に知り抜いているのです。外からは、はなばなしい閃きは見えませんが、彼らはすばやく思考し、暗示を介しておたがい同士、完全に知性的なひと同士、意見の一致を示すことができるのです。ユダヤ人でありたいと希望しながらも、タルムードにあえて疑義を差し挟むユダヤ人もおりますけれど、ユダヤ的思考のすべての結節、すべての交点はタルムードの中で結ばれているのです。

ラビ・エレアザルが『詩篇』一〇四に匹敵するほどに深遠な引用を見出したらしい『詩篇』一〇は『詩篇』一〇四のちょうど対極に位置します。これは神の不在についての詩篇なのです。『詩篇』一〇四の中では、すべてが造物主の栄光を称え、被造物のただ中へのその臨在を歌っていたのに対し、『詩篇』一〇はこう語ります。「主よ、なぜ、あなたは遠く離れてお立ちなのですか。苦しみの時に、なぜ、身を隠されるのですか。悪者は高ぶって、この世の貧者を迫害します。」ここで言及されているのは貧者であって、森の獣ではありません……さて、神は隠れておられます。危機に瀕した者の救援に手を差しのべないというスキャンダルを意に介しません。「悪者はおのれの心の欲望を誇る。彼は驕り高ぶって悩むひとを追い回す。悩むひとは悪者の仕掛けたたくらみにとらえられる……彼は自分の熱情を誇る。収奪者は、主に刃向かい、傷つけ、罵倒を浴びせる。傲慢な性格ゆえに、彼はいかなるものをも恐れない。『神などおりはしない』と彼は言う。これが彼の考えの根本にあるものだ。彼の道はいつも栄え、あなたの裁きは高くて、彼の眼に入らない。敵という敵を、彼は吹き飛ばす。彼は心の中で言う。『私はゆるぐことがない。断じてない。私はつねに不運から守られている。』彼の舌は偽りの誓いに満ちている……」

彼は茂みの中の獅子のように隠れ場で待ち伏せている。彼は悩むひとをとらえようと待ち伏せる。悩むひとを、その網にかけてとらえてしまう……

《警察と革命》

最初の引用がラビ・エレアザルの問題に一つの疑惑を投げかけるものであるとしたら、『詩篇』一〇の参照は、私たちにその意味を明かすものです。「悪」に対抗するために、暴力的な行動がやむをえざるものであること、これには異論の余地がありません。そしてこの暴力が、何らかの政治的行動の外見を持つことも、このあと見てゆくとおりです。しかし、この行動が、「悪」の本性とその究極的原因を探究する（すなわち、神の不在と沈黙の理由、あるいはこの不在の意味を理解する）べきものであることは、それほど自明のことではありません。ですから、ラビ・エレアザル・ベン・シモンは、泥棒をとらえることをその任とする役人と出会った時、単にどういう外的な特徴で泥棒は識別できるかを問うただけではなく、また「悪」はどこに由来するのか、「悪」はどのようにして、社会に害をなすことになるのかをも同時に問うたのです。どうしたら神がこの世界から不在になるということがおこりうるのか。そして自ら絶対的なるものを僭称する政治を審問に付すことを通じて、こう問うたのです。「悪」の本性を知らずに、「悪」の形而上学的、霊的存在理由を看過したまま、どうやって政治的に行動することができようか、と。彼は眼前にある直接的状況の分析を踏まえて、「悪」の淵源は何か、正義の淵源は何かを問うたのです。ここに、既成の「国家」に奉仕する政治の行動と、革命的行動の歴然たる差異が存するのです。ただ抵抗するだけでは十分ではありません。大義のためにそうするのでなくてはなりません。革命的行動は、街頭での勝ち誇った示威行動に見られるような大衆的性格を志向すべきではないと私は考えます。ファシストたちでさえ、その点では素晴しい成功を収めました。革命的行動、それは何よりもまず革命を準備する孤立者の行動です。彼は危機のうちで、同時に意識の裂断状態のうちで、すなわち地下納骨所と意識の二重の地下性のうちで革命を準備するのです。この意識の裂断は革命を不可能なものにする危険性をはらんでいます。というのは、大事なのは、悪者をとらえることだけではなく、潔白な者を苦しめないことでもあるからです。ここに、ユダヤ思想にとっての警察と革命的行動の差異は存するのです。

「あなたは義人をとらえて、悪人を逃したのではないだろうか。」

警察幹部（私はラビ・エレアザル・ベン・シモンはただの捕吏ではなく、警察幹部と交渉があったのだと思います）は彼に言います。

「どうして私がそんなことをするはずがあろうか。それは王の命令である。」

警察官はどこに「善」があり、どこに「悪」があるのかを自問する時間を持ちません。彼は制度化された権力に属しているだけなのです……彼は国家に帰属し、国家は彼に権能を委託します。彼の仕事は「形而上学する」ことではなく、「警察する」ことなのです。国家に仕えつつ、同時に「絶対者」に仕えることがどうすれば可能か、彼には分かりません。さて、タルムードにおいてはどうなのでしょう。「絶対者」の「欲望」と革命的政治は両立不能でしょうか。非ユダヤ的な政治思想のカテゴリーにおいては、両者は両立可能でしょうか。ユダヤ教は、ギリシャ・ローマ型国家から生まれた政治の用語で思惟されたような革命的行動と両立しうるのでしょうか。

そこでラビ・エレアザルは言った。「私がどうやるか教えよう。朝の四時(現在の午前一〇時)に旅籠に行け。もし手に杯を持って葡萄酒を飲みながら、まどろんでいる者がいたら、何者であるか尋問してみよ。もしそれが学者であったら、それは彼が学問のために朝早く起きたことを意味している。もしそれが日雇い労働者であれば、それは彼が朝早くに仕事に出かけたことを意味している。もしそれが夜に働く者であれば、彼は針を作っていたのかも知れない。もしそのどれでもない者がいたら、それが泥棒である。その男を捕まえればよい。」この話が王の耳に入り、人々はこう言った。「使信の意味を解読できる者は、使者として役に立つかも知れない。」人々はラビ・エレアザルを捜した。そしてラビは泥棒をとらえることになった。

何がおこったのでしょう。王宮の人々は、ラビ・エレアザルの叡智を「警察官向きの叡智」だと思い込んで驚嘆したのです。彼は驚嘆すべき原理を持っている、ならばそれを応用してもらわぬ手はない。使信を正しく読解できるなら、もちろんそれが誰に当てたものか分かるはずだ。誰にあてたのか判定できないメッセージを運ぶ者、あるいは「他のひとたち」あてのメッセージを運ぶ者を、みだりに信用してはなりません。

《居酒屋》

ラビ・エレアザルがめはしの利くひとであることは疑いもありません。けれども、私にはこのひとは警察官的叡智にいささか欠くところがあるように思われます。「居酒屋へ行き、知識人でもなく、日雇い労働者でもなく、夜間労働者でもないのに、酒を飲んでいる者を何の良心の疚しさも覚えることなく、逮捕せよ。」これは一体どういうことを意味しているのだろう、と私は長い間考えました。近代の警察捜査がバーの周辺で展開されていることを、いちはやく予見していたのでしょうか。いや、そんなつまらない話ではないはずです。そこで私はこう考えるにいたりました。ラビ・エレアザルは、その語のローマ的な意味での国家の領域で「悪」と戦うことを受け容れたのだ、と。つまり革命的行動を、政治的行動として実践することを受け容れたのだ、と。けれどもラビ・エレアザルは、彼がこれから戦うことになる「悪」の淵源を、私たちにきちんと指示しております。これには二通りの解釈があります。まず第一に、自分の手で働かぬ者、学習せぬ者、これらは「悪」の淵源である、と彼が考えていた、ということです。すべての無為の者、働かざる者は「悪」の根源である。もの書きというのは、おそらくこの「学習する者」の中に数え入れられると思いますが……あらゆる非‐労働者は「悪」である。寄生者は、その語の広い意味において、泥棒です。

人間は世界を建設しなくてはなりません。世界は労働と学習によって建設されるのです。それ以外のすべては気晴らしです。気晴らしは「悪」なのです。これが第一の解釈です。

このテクストにはもう一つの解釈のしかたもあるように思われます。この二つは表裏一体をなしています。ラビ・エレアザルは、「悪」の淵源は居酒屋という制度そのもののうちにあることを発見した、というのがその第二の解釈です。居酒屋あるいはカフェは現代生活の欠くべからざる、本質的部分の一つとなっております。それらはおそらく「公開された生活」です！　見知らぬ街へ行った時、もしその街にカフェがなかったら、私たちはずいぶんと息苦しい思いをすることでしょう。カフェ、それは開かれた家です。表通りと同じ高さで、気楽に仲間入りできる場所。そこではおたがいに責任がありません。別に必然性もないのにそこに入り、疲れてもいないのに椅子に座り、のどが渇いているわけでもないのに酒を飲みます。これは「自分の部屋にとどまらぬ者」の物語です。ご存じのとおり、すべての不幸は、私たちが自分の部屋にじっとしていられない、というその無能力に由来します。カフェは一個の場所ではありません。それは非‐社会のための非‐場所、すなわち責任を問われぬこと（non-lieu）です。連帯も、未来も、関わり合いも、共通の利害も持たない、非‐社会、それは遊びの社会です。遊びの家であるカフェは、そこを通じて生活の中に遊びが侵入し、生活を崩壊させる、そのような地点です。昨日も明日もなく、責任もなく、真面目さのない社会、それが気晴らしであり、放埒であります。

映画館では一つの主題がスクリーンに投影されます。劇場では、舞台の上に。けれども、カフェにはいかなる主題もありません。人々はそこで一人ずつ自分の小さなテーブルにすわり、コーヒー・カップかあるいは酒の入ったグラスを前にして、全くくつろぎ切っています。その結果、誰に対しても、何に対しても、何の責任も感じていません。人々が魂なき世界の恐怖と不正に耐えうるのは、カフェに行って、すべてを忘れることができるからこそなのです。誰しもが自分さえよければそれでいいと思っていられる場所、自分だけのためにそこにいる場所、忘却の場所、他者を忘却する場所、それがカフェです。こうして私たちは最初の読解の帰結と再び出会うことになります。「世界を建設しないこと、それは世界を破壊することである。」

私はもちろん近所のカフェにいいがかりをつけているのではありません。パリ中のカフェ経営者を相手に喧嘩をする気など、さらさらございません。ただ、カフェは人生の一つの形式の実現に他ならない、と申し上げているのです。カフェは存在論的カテゴリーに由来するものです。そして、ラビ・エレアザル・ベン・シモンが彼の時代の原始的な旅籠のうちに垣間見たのはこのカテゴリーなのです。西洋的存在者にとって（そしておそらく東洋的存在者にとっても）本質的なカテゴリーでありながら、ユダヤ的存在者によって拒否されたカテゴリー、それがカフェなのです。

話を早く進めなければなりません。私はお手もとにあるテクストのうちできわめて註解が困難な箇所にとどまっているのです。

人々はラビ・エレアザルを捜した。そしてラビは泥棒をとらえることになった。

《国家に仕えて》

こうしてラビは悪者との戦いに、いやおうなしに巻き込まれてしまいました。彼は「ローマ人と協力した」のです。タルムードに、歴史家の役に立つような文献的価値を与えようとする性急な読者がおります（彼らはそうやってタルムードの教義的な意味を剝奪してしまうのですが）。彼らなら以下のテクストのうちに、伝統的なユダヤ社会と、ユダヤ人も国家機構（ローマ帝国はその最たるものです）に参与しうると判断する分子との間の軋轢を見出すことになるでしょう。けれども、そのような歴史学的読解にしたがった場合でさえも、タルムードに触れながらその底に秘められた教義的な問題を看過することはあきらかに不可能であります。と言いますのは、「協力者」がどこにでもいるような裏切り者ではなく、他ならぬラビ・シモン・バル・ヨハイの実の息子であるからです！　私たちが現在抱え込んでいるジレンマが最も尖鋭なかたちでここには示されております。すなわち、ユダヤ教の枠組みを遵守することに配慮しつつ理想に仕えるべきか、それとも熟慮の末にあえて私たちを取り巻く人々と共通の政治的次元に立つべきか、というのがそのジレンマです。そのジレンマの切実さが、ここで提起され、議論されているのです。「悪」と戦うために政治の道を採用する、つまり王に仕える、という行動は、はやくも矛盾によって引き裂かれています。時には王そのものの廃絶にさえいたりうるはずの革命的行動が、ここでは王への奉公という形式を取っているのです。この矛盾に思いいたらなかったひとはいないはずです。だからこそ、ゲマラーを書きとめた紀元五世紀の博士たちは、ラビ・エレアザル・ベン・シモンとラビ・イェホシュア・バル・コルハ(19)の間に交わされた対話を収録することが有益であると判断したのです。

ラビ・イェホシュア・バル・コルハはひとを介してこう伝えさせた。「葡萄酒の息子である酢よ、いつまで私たちの神の民を死に引き渡すつもりなのか。」

葡萄酒の息子である酢よ！　酸敗した奴よ！　おまえはユダヤ教の頽廃だ！　おまえの父親は葡萄酒だった。だが、おまえは葡萄酒変じて酢になってしまった。おまえは政治に仕え、その結果、低劣なる警察の仕事に手を汚すことを余儀なくされている。おまえはついにユダヤの民を権力に引き渡すところまで堕落してしまったのだ！

《政治と暴力》

ついにユダヤの民を権力に引き渡すところまで堕落したこと、確かにこれは不名誉の最たるものと申せましょう。しかしこのプチブル的なユダヤ人中心主義とも人種主義とも思える談話を聞いて眉根をひそめるには及びません。この話は、「善」と「悪」の弁別は、それが「ユダヤの民にとって良いことか悪いことか」にしたがって決定されるというような価値判断にかかわるものではないからです。このような俗悪な思考をしかしながら堂々と披瀝して恥じない者たちもいます。すべての国の政治家たちがそうです。彼らは「ユダヤの民」という語を適宜読み換えて、それを自分たちの法則、至高の道徳としているのです。しかし、今から何カ月か前、パリの街頭で「私たちはみんなドイツのユダヤ人だ」と叫んだ人々がいました。彼らはこのようなプチブル的狭量の罪を免れています。といいますのも、一九三三年のドイツのユダヤ人は、歴史の流れとも世界の趨勢とも切り離された、いわば「ユダヤ人そのもの」であったわけです。つまり「ドイツのユダヤ人」とは世界で最も脆弱で、最も迫害されていた者を意味していたのです。彼らはプロレタリアそのものより迫害されていたのです。プロレタリアは収奪されてはいましたが、迫害されてはいなかったからです。呪われた人種。その遺伝子によってではなく、その不幸な宿命によって、おそらくはその書物によって呪われた人種。その書物は、それに忠実であった者たちを、その書物を染色体の外側に伝えようとした者たちの上に不幸をもたらしたのです。きわめて厳密に言えば、これが「私たちの神の民」の意味なのです。ラビ・イェホシュア・バル・コルハがラビ・エレアザル・ベン・シモンに語った「民」とは、そのようなもののことだったのです。つまりこうです。「政治的な行動は、たとえ革命的なものであろうとも、『神の民』に、迫害を蒙っている者の身に、非‐暴力に、逆に禍をもたらすのではないだろうか。ラビ・エレアザルが救おうと望んだ者たち、その者たちのためにこそ革命が企てられた、その当の人々の身の上に、すべての迫害を終結させうる唯一のものである非‐暴力の上にこそ、政治的行動は逆に禍をもたらすのではないだろうか。」この問いにラビ・エレアザルはこう答えます。

「私は葡萄畑の棘を取り払っている。」

これに対してラビ・イエホシュア・バル・コルハはこう返答します。

「葡萄畑の持主を来たらしめ、その者自身に棘を取り除かしめよ。」

この問答にはさまざまな意味が詰まっているようです。「普遍的政治の名において（つまり王の名において）精神の律法を毀損する権限は君にはない。ユダヤの運命と世界の運命を一致させようなどというのは、人間のさかしらである。完全に人間的な人間は、政治などに容喙すべきではなく、道徳に専心すべきである」とラビ・イェホシュアは言っているようにも聞こえます。葡萄畑とはイスラエルのことです。イスラエルと葡萄畑を比較するのは預言者の常套手段です。イスラエルという葡萄畑は真の、唯一の持主、すなわち主のものです。ですから、道徳と政治の間の確執は主に解決して頂こう、というのがラビ・イェホシュアの考えのように思われます。これは非革命的な解釈、宗教的な諦念を勧める解釈です。なるほど、私たちの隣人をとがめるのは私たちの任ではありません。それは神のお仕事です。しかし、この考え方を極端にまでつきつめると、こういうことになります。「イスラエルを建設するのは私たちの仕事ではない。メシアの来臨を待とうではないか。」しかしそうでしょうか。このテクストは逆に私たちが落ち込んでいる混乱に対して警戒するように教えているのではないでしょうか。私たちが落ち込んでいる混乱とは「ユダヤ教のめざす目標は進歩の方向と一致する、それゆえにユダヤ教はプラス評価されるべきだ」という考え方のことです。しかし、そのように「進歩」を基準にしてユダヤ教を弁護するや、ユダヤ教はすべてのものの評価の基準になる自律的、絶対的な秩序ではなくなってしまうのです。

さて、このテクストを別のしかたで読むこともできます。ある註解者は、私が皆さんにご紹介したような考え方を取らずに、次のような解釈を行っています（もしかしたら、この註解者も同じ考え方をしたのですが、わざわざ口に出して言うのは及ばないと考えただけかも知れません）。「『葡萄酒の息子である酢よ！』とはろくでなしという意味である。葡萄からは葡萄酒が取れるのだが、その葡萄酒はおまえの中で酢に変質してしまった！　おまえはローマ人の政治的活動に協力することによって、イスラエルという主の『葡萄酒』を裏切ったのだ。」となると、ラビ・エレアザルの返答の意味は次のようになります。「葡萄酒が酢になってしまったのは、葡萄畑が思っていたほど良質のものではなかったからだ！　葡萄畑をだめにする棘を取り除かなくてはならない。私が暴力的であるのは、暴力が停止するためには暴力が必要だからである。」つまりラビ・エレアザルは徹頭徹尾革命的であったということになります。暴力の前で彼は恐れなかったからです。葡萄畑の腐敗は暴力を産みだします。ラビ・エレアザルは暴力を以て暴力を停止させようとしています。彼は社会を浄化することになるでしょう。火と鉄によって。そうすれば、決して酢に変質することのない葡萄酒を産みだす葡萄の木しかそこには生えていないようになるでしょう。

こう解釈した場合でも、ラビ・イェホシュア・バル・コルハの返答の意味は全く変わりません。「葡萄畑の持主を来たらしめ、彼自身に棘を取り除かしめよ。」つまりこうです。ユダヤ教にしたがって「悪」を取り扱い、またユダヤ教自体を審問に付す時は、政治の術語によったり、右か左かの単純な二者択一によってはならない、ということです。確かにユダヤ教のうちには、左翼のめざすものと一部共通するような、人間の人格の擁護者という要素が認められます(何らかの異常な状況下においては、暴力的な行動やあるいは革命がありうることを認めながらも、個人の神聖な権利は私たちのテクストの冒頭から認知されております)。しかし、だからといって、ユダヤ教の運命をプロレタリアの運命と同一視することはできません。ユダヤの大義は社会主義の大義とぴたりと重なり合うものではありません。反ユダヤ的迫害はユダヤ教のうちにある何か別のものを標的にしているのではないでしょうか。私にも分からない、何か別のものを。この場でかつてこう述べた方がおられました。その表現は私の耳に非常に快いものでした。その方はこう言われたのです。「ユダヤ教、それは別の言い方をすれば、世界全体に対する責任のことである。そして、それゆえにこそ、ユダヤ教は世界的規模で迫害されるのである。」すべてのことについて、すべてのひとの責任を引き受けること、それは心ならずも責任を取ることです。心ならずも責任を取ること、それが迫害されることです。被迫害者だけがすべてのひとの責任を、彼の迫害者の責任をも、引き受けることができるのです。究極的な責任とは「自分の責任から逃れるために言葉を発する権利を持つことなしに、絶対的に迫害されている一人の人間」という事実以外のものではありえません。私たちは葡萄畑です。収奪される猫の額ほどの狭い土地よりずっと複雑な葡萄畑です。その持主だけが(なんと崇高な特殊恩寵説でしょう!)その棘を抜く権利を持っているのです。ラビ・エレアザルが革命を達成せんがために、あえて政治的行動を受け容れた時、ラビ・イェホシュア・バル・コルハはそこに一抹の危険を見てとりました。つまり革命的人間のうちにユダヤ教の死を見たのです。ある意味で革命はユダヤ教にとって致命的です。ユダヤ教が過去の遺物だからではありません。そうではなくて、ユダヤ教が社会主義を動機づける価値観よりずっと古く、ずっとデリケートな価値観に仕えているからです。そしてかくも古くまた繊細であるがゆえに、ユダヤ教の耐久力と忍耐力も今や崖っぷちにさしかかっているからです。どんな価値観にユダヤ教が仕えているのかは私が註解すべきテクストには書かれてはおりません。私のテクストは、すべての政治的目標の外部にある、かすかに感知しうる一つの理想について語っているばかりです。ですが、その理想がユダヤ人に単なる同化を禁じ、ユダヤ人を迫害にさらし、他の人々にユダヤ人が還元不能のものであるという漠然とした認識を与えるのです。ユダヤ人が「神の民」なのは、そのような意味においてです。ユダヤ人は、社会的、経済的な疎外を超えて、人間を待ち伏せているもう一つの別の疎外があると感じます。あの秘密の庭園の持主だけが、私にも分からない何か特別なことを行う能力を持っていて、あらゆる政治的な疎外を克服してもまだ克服しえぬ何かを決定的に克服しうるのであるかのように感じてしまうのです。非ユダヤ人にもこのユダヤ教の特殊恩寵説を同じように感知できるひとがいます。私がこれからお読みするつもりの一通の手紙がそれを証拠立ててくれるはずです。そしてその手紙がユダヤ教と普遍性の間に張りつめているものを描き出し、さらにユダヤ教に、こう言ってよければ、普遍性の彼方にある一つの意味を授与してくれることになるはずです。

《一通の手紙》

この手紙の差し出し人は現代フランス文学の世界で卓越した地位を占めている人物です。「占有された地位」という観念が（むろんそれは比喩的なものに過ぎないのですが）何かしらブルジョワ的なもの、ぬくぬくした快適さを連想させることがあったとしても、この人物はそのような連想によっては、いささかも傷つけられぬ人物である、と申し上げることができるでしょう。私はそのひとの名前は申し上げません。[20]《五月》の出来事に彼は全面的に、かつ明晰なしかたでコミットしました。五月を過ぎても彼は危険なまで深く出来事にかかわっていきました。そして突然、身を引いたのです。彼は私あての突然の手紙の中で彼の撤収の理由を語ってくれました。彼がその革命的友人たちと袂を分かったのは、彼らがイスラエルに対して反対の立場を取ることになったからでした。その手紙の末尾にはこう書いてあります。

「私がつねづね言ってきたように、それこそ私が超えることのできぬ限界であったのです。しかし、これから少しそのことについて考えてみたいと思います。なぜ暴力と同時に心の広さをも示してきたあの若者たちが、このような選択の必要性を信じるにいたったのか。なぜ省察を放棄したのか。なぜ『帝国主義』とか『植民地主義』とかいう空ろな理念を振り回すようになったのか。なぜ、最も弱いのはパレスティナ人であり、弱者の側にこそ立たねばならぬ、と信じるにいたったのか（あたかもイスラエルが極度に、恐ろしいまでに傷つき易いものではないかのように)。」(私は二種類のイスラエル、「イスラエルの理念を体現している人間」と「国家としてのイスラエル」を分けて考えます。なぜなら理念としての「イスラエル」とは「傷つく可能性」(vulnérabilité)そのもののことだからです。)

「私の考えでは、そこには一つ別の理由があります。というのも、彼らのうちの誰一人として反ユダヤ主義者ではなかったからです。たとえ潜在的にであろうと、反ユダヤ主義の過去、現在のいかなる理念もそこには存在しませんでした。

ですから反シオニズムは反ユダヤ主義の今日的形態であるというのは真実ではありません。問題なのは、イスラエルそのものの意味を、その最もはっきりした意味でさえ、彼らには全く理解しえないということです。これは深刻な事態であると私は考えます。イスラエルは無知によって危機に瀕しています。そうです、おそらくは邪心のない無知によって。けれども無知ゆえに責任を回避することは許されませんし、無垢だからといって済ませるわけにはゆきません。ユダヤ人がユダヤ人であるからという理由でユダヤ人を絶滅しようと望む人々によって、ユダヤ人であるということはどういうことなのかを全く理解できぬ人々によって、イスラエルは今や危機に瀕している。私にはそのように思えるのです。ですから反ユダヤ主義はこれからさき、反ユダヤ主義と全く無縁な人々をその同盟者に迎えることになるのでしょう。

なんと奇妙な事態の変化でしょう。反ユダヤ主義がなくなるだけでは十分ではないとは。」

《疑問に付される政治》

ラビ・エレアザルが政治的行動とユダヤ的存在の間のこの尖鋭な緊張を認識してはいなかったということがありえましょうか。少なくとも、ユダヤ教を政治哲学の関数として理解することは不可能であると認識していなかったはずはありません。ラビ・エレアザルは本当に王に仕えていたのでしょうか。自分を政治的な官吏だと思っていたのでしょうか。テクストの続きの部分は、この点について私たちを疑問のうちに投げ込む質のものです。

ラビ・エレアザルが入り込んでいった先は疑惑と葛藤の道でした。そもそものはじめからラビには、自分の行動を正当化するために、「これは王の命令によるのである」という言い訳を口にする気はありませんでした。（この言葉は、私たちが註解する最後の段落で預言者エリによって同じように[21]「私たちの神の民を死に引き渡す」と言って問責されたラビ・イシマエル・ベン・ラビ・ヨセの口を通じても語られるものなのですが、この言葉がいかに適切なものであるかは、これから分かってくるでしょう。）さて、ラビ・エレアザルは彼の果敢な決断が不評であることを知っており、異議申し立てを甘んじて受けました。国家に協力することの正当性に関して、ラビ・イェホシュア・バル・コルハによって突きつけられた疑問ゆえに、ラビ・エレアザルはついに俗衆に侮られるにいたったのです。

ある日、洗濯屋がラビに会って、こう呼びかけた。「葡萄酒の息子である酢よ。」ラビ・エレアザルは言った。「なんと横柄な奴だろう。きっと悪人にちがいない。」ラビはこの男をとらえるように命じた。

ラビ・エレアザルはこの暴言の背後に犯罪の臭いを嗅ぎつけました。（これから私が申し上げることは現在の世情とは全く無関係ですので、念のため！）革命的異議申し立てと単なる口先だけの暴言の間には深淵が介在します。しかし、ただの口先だけの暴力であっても、それは犯罪性の徴候なのです。危険な侮辱は、それを口にした者の命取りになります。これが一つの解釈です。もっと深く読むこともできます。言葉の上でいましめを破ること、内的な律法を冒瀆すること、それは犯罪行為を増長させることである。それは規範の城壁に走る最初の亀裂、儀礼的な律法への不服従のようなものである、というのがそれです。

このあとでラビ・エレアザルは『箴言』の一節を引きますが、その真意は、おそらく単に良識的に行動するように、という忠告にとどまるものではありません。侮辱の言葉や自制心の欠如、叫び声への回帰、ロゴスの散逸、は無秩序の止め金を外してしまいます。そうなればもう良識の手には負えません。言葉がカオスを引き連れてくるのです。言語を破壊する者に禍あれ。

ラビ・エレアザルは言った。「なんと横柄な奴だろう。きっと悪人にちがいない。」ラビはこの男をとらえるように命じた。

ラビ・エレアザルの怒りはやがて鎮まります。個人的な無礼に対する赦しは、それほどやって来るのに時間を要しません。そして政治的命令の仮借ない帰結をみくびったまま、怒りに駆られてこの決定的機構の中に彼が引きずり込んでしまった男を取り戻そうとします。ところが恐ろしいことに、政治の秩序（あるいは無秩序）は仮借がありません。彼が官憲に引き渡してしまった男はもはや取り戻すことができませんでした。

興奮が醒めたのち、ラビは男を釈放させに行った。しかし、それはもう不可能であった。というのはこのことについてはこう語られていたからだ。「自分の口と舌を守る者は、自分自身を守って苦しみに会わない」（『箴言』二一・23）。

それからあとに続く記述はラビ・エレアザルが美しい魂の持主であったとか、彼が深く悔悟したとかいうことを証明するために書かれているのではありません。彼は自分に向けられた暴言ゆえにその背後に犯罪が隠されていることを推測したけれど、暴言だけからは犯罪を証明することができなかった男の処刑台の下にいます。ラビはまるで無垢な者のように涙を流します。形式の遵守も、一度決められたことは曲げられないという原理も、単なる直観も、いずれも一人の人間の処刑を正当化するには足らないと彼には思えたのです。

洗濯屋が絞首刑に処せられた時、ラビは絞首台の下で泣いた。

《人間の人間に対する権利》

その時、ラビ・エレアザルは彼の本能は間違いを犯さなかったという保証を与えられます。おそらく、ラビが政治の世界に足を踏み入れることになったのも、その本能の指示にしたがってのことだったのです。ですから、彼は、彼がその代理となった警察官僚や、最後の段落に出てくる博士のように、政治の反論の余地のない性格（「これは王の命令である」という言い訳で政治家は警察官に変容してしまうのですが）の上に安んじることがありませんでした。

その時、人々は彼にこう言った。「師よ、落ち着きなさい。贖罪祭の日に、あの男とその息子は別の男の婚約者と罪深い関係を持ったのです。」これを聞いてラビは自分の手を自分の身体に当てて、こう言った。「喜べ、私の臓腑よ。おまえたちに確信が持てない場合でさえ、その直観は正しかったのだ。ましておまえたちが確信を持った場合はどれほど正しいことだろう。どんな蛆虫もおまえたちを喰い破ることはできまい。」

「私たちの神の民」はそれゆえあらゆる罪を犯す可能性があるのです！　おそらくタルムードは平易でかつ謎めいた言い回しによって、私たちにこう言いたかったのでしょう。神の園には棘があるのです！　ラビ・エレアザルとラビ・イェホシュア・バル・コルハの対立はこの先も続きます。しかし反語法で語られている残りの部分も理解しなくてはなりません。そこではこう述べられています。無実の者を処罰すること、あるいは証拠なしに有罪の者を処罰すること、それは死んでも償うことのできぬ過失である、と。死ののちにも死人は存在する！　これは迷信ではありません。ここで示されているのは、人間の人間に対する権力の執行がもたらす苦悩の深さなのです。

しかし、だからといって、彼の心は穏やかにはならなかった。人々は彼に睡眠薬を与えた。

（このあとにはラビ・エレアザルの臓腑が受けた試験の描写と、その試験の結果に関する議論が続きます。[22]）

心の動揺は消えることがありません。直観は、いかに確実であろうとも、自分で自分を正当化することはできません。それゆえ試験が行われたのです。この部分は割愛させて頂きましたけれども、残酷な試験でした。試験の結果、ラビ・エレアザルの直観は正しいことが分かりました。しかし、だからといって、全く問題がないわけではありません。

ラビ・エレアザルとラビ・イエホシュア・バル・コルハの間にはどのような解決がありうるのでしょう。

同じことがラビ・イシマエル・ベン・ラビ・ヨセの身にもおきた。ある日、預言者エリが彼に会ってこう言った。「いつまでおまえは私たちの神の民を死に引き渡すつもりなのか。」ラビはこう答えた。「私に何ができよう。これは王の命令なのだ。」エリは言った。「おまえの父はアジアへ逃れた。おまえはラケダイモン[23]へ逃れよ。」

タルムードの伝承によれば、預言者エリは、メシアの時がいたれば、あらゆる種類の二律背反を解決することになっています。そのエリが私たちの註解する最後の段落に登場します。そしてどうやらラビ・イェホシュア・バル・コルハと同じ見解を示します。私たちの神の民を王の手に引き渡してはならない。「悪」と戦うために政治的暴力の道を選んではならない、と言うのです。政治的命令は必ずしも正当なものとは限りません。ですからラケダイモンに逃げることもできるのです。

「ラケダイモンに逃れる」とはどういう意味なのでしょう。私的生活に帰還することでしょうか。隠遁することでしょうか。逃げ出すことでしょうか。すべてをほうり出してしまうことでしょうか。いいえ、そんなはずがありません。エリの言葉の真の深みはメシアの時代が到来した時はじめて分かるのです。この言葉が王の命令を審問に付すことができぬ者を断固として非難しているとしたら、その言葉は同じ権威を以て「主の葡萄の木を引き抜こうとする者」を遮るのではないでしょうか。

原注

(1) ヒューマニズムの危機を主題としたジャン・ラクロワとジャック・ドンの論考(Jean Lacroix, Jacques d'Hondt, *Revue internationale de Philosophie*, No. 85–86)を参照。ジャン・ラクロワの論考中のアダム・シャフ(Adam Schaff)へ論及を参照。

訳注

〔1〕バーバー・メツィア　Baba Metsia　タルムード『損害篇』（ネズィキン）第二章。「バーバー・メツィア」は「中の門」の意で、『出エジプト記』二二・6―15、『レビ記』二五・35―37で扱われている動産取り引きを主題とする。

〔2〕ミシュナー　Michna　「反復する」を意味する動詞「シャナー」の派生語。口伝律法の研究を指す。狭義には紀元三世紀はじめラビ・ユダ・ハナシーによって採録された六篇。ミシュナー成立期までの律法博士をタンナ（複数形はタナイーム）と総称する。

〔3〕ゲマラー　Guemara　ミシュナーに関する後世の律法博士たち（アモーラ、複数形はアモライーム）の議論を収録したもの。タルムードではミシュナーを中心にゲマラーやそれ以降の註解が渦巻き状に展開した形で版型が組まれている。

〔4〕ラビ・ヨハナン・ベン・マティア　Rabbi Yohanan ben Mathia（Johanan b. Mathia）タンナ。なお（　）内はソンツィノ版タルムード（*The Babylonian Talmud*, The Soncino Press, 1935）の当該箇所での英米式の表記。

〔5〕イスラエル・サランテール　Israel Salanter, Lipkin Israel b. Ze'ev（1810–1883）リトアニアにおける道徳再興運動の指導者。一九世紀リトアニア・ユダヤ人社会の精神的再建のために、ハシディズム、ハスカラー、宗教改革派と戦い、伝統的な倫理に基づくムサル運動を興した。ユダヤ教学塾の整備、タルムードの欧州語への翻訳、ユダヤ教の大学での講義など、めざましい業績を残した。ヴィルナとカウナスには優れた弟子が輩出した。レヴィナスにとって、サランテールは同郷人であり、そのユダヤ教観にも共通するものがあるように思われる。

〔6〕ラビ・シモン・ベン・ガムリエル　Rabbi Shimon ben Gamliel（Simeon b. Gamaliel）同名のラビがもう

一人いるが、とくに指示がない場合はユダ・ハナシーの父である紀元二世紀のナシー（サンヘドリン議長）を指す。バル・コクバの乱ののち、迫害を逃れて隠棲したが、迫害の終了（ハドリアヌス帝の禁令の解除）後、ウシャで開催された宗教会議でナシーに任命され、学統の継承に尽くした。

〔7〕《提灯と間違えられた豚の膀胱》 de vielles vessies prises pour des lanternes　昔、豚の膀胱を豚肉屋の看板として用いた故事から「膀胱と提灯を間違える」とはひどい間違いをおかすことをいう。

〔8〕レシュ・ラキシュ　Rech Laquich（Simeon b. Lakish）　紀元三世紀のパレスチナのアモーラ。ラビ・ヨハナンの義弟となり、ともにティベリアの学院を支えた。

〔9〕アルベール・メンミ　Albert Memmi（1920-　）　フランスの作家、社会学者。チュニス生まれ、北アフリカのユダヤ人共同体を題材にした小説（『塩の像』）、植民地におけるユダヤ人問題の研究等で知られる。この大会の発表者の一人でレヴィナスの講話の直前に「人文科学を通じての革命――社会学」と題する講演を行っている。ユダヤの伝承の活性化を訴える彼の講演のどの点をレヴィナスが念頭においてこの発言をしているのかはつまびらかにしない。

〔10〕「私にタルムードを教えてくれた卓越した師」とはラビ・シュシャーニ（Chouchani）（？-1965）のこと。レヴィナスは旧知のアンリ・ネルソンを介して紹介されたこの漂泊の天才学者について戦後の一時期、タルムードを学んだ。タルムード全巻を諳んじ、現代数学から原子物理学にまで通暁したこの「浮浪者まがい」の学者は、その生年も本名もあかさぬままレヴィナス家の一室に二、三年間滞在し、ある日突然失踪し、南米モンテヴィデォで客死した。巨大なスケールの学殖と「予測不能の発明の才」を結合した師は「不安と驚愕と不眠」の授業を通じてレヴィナスに「ラビ的叡智と人間そのものにとってのその意味へいたる新たな回路」を指し示した（cf. F. Poirié, *Emmanuel Lévinas, Qui êtes-vous ?* La Manufacture, 1987, pp. 125-130）。

〔11〕タナイーム　Tanaïtes　「（伝承）を繰り返し述べ教える（タナー）者」（タンナ）の複数形。紀元前二世

紀から紀元三世紀にわたる時期のユダヤ教のラビたちの総称。その口伝はミシュナー、バライタ、トセフタに収録される。なおこの語は仏語では通常 Tanaïm と表記されるが、レヴィナスは Tanaïtes と表記している。これだと「タナイト」と発音されるべきだが、一般の呼称にしたがう。

〔12〕 スピノザの「第一種の認識」 connaissances du premiergenre de Spinoza　スピノザは「感覚によってそこなわれ、混乱した、知性的な秩序なしに我々に現われる個物」に対する知覚（すなわち臆断 opinio）と、記号から喚起される観念形成（すなわち想像力 imaginatio）の二つの観想様式をこの名で呼んだ（『エチカ』定理四〇註解二）。

〔13〕 ラヴ・ゼラ　Rav Zera　紀元四世紀頃のアモーラ。

〔14〕 ラヴ・ヨセ　Rav José　紀元二世紀頃のタンナ。

〔15〕 日本聖書刊行会の新改訳聖書（一九八五）の訳は「ひとはおのれの仕事に出て行き、夕暮れまでその働きにつきます」。ヘブライ語聖書原典も同義であり、レヴィナスがここに挿入している「義人」（juste）に相当する語はない。ここに限らず、レヴィナスは聖書を自由に読み換えた形で「引用」するので、同一聖句について訳文と一般的な邦訳との異同が生じることがある。訳文ではなるべく聖書刊行会訳を踏襲することとし、レヴィナスが読み換えている場合はそのつど訳注で指示する。

〔16〕 ラビ・エレアザル・ベン・ラビ・シモン　Rabbi Elazar ben Rabbi Shimon（Eleazar b. Simeon）　紀元二世紀頃のタンナ。ラビ・シモン・バル・ヨハイの息子。父と共にローマ軍を逃れ一三年間隠棲した。のちユダ・ハナシーと並び称される大学者となった。タルムードの記述のとおり、ローマ軍政下で盗賊追捕の行政職についた。

〔17〕 ラビ・シモン・バル・ヨハイ　Rabbi Shimon bar Yohaï（Simeon b. Yohaï）　紀元二世紀頃のタンナ。ラビ・アキバの弟子。バル・コクバの乱以後の教学の復興に功績があったが、ローマに敵対したため死刑を宣告

され、逃れて洞窟にこもった。その教えはアキバの学統を汲んだもので、ラビ・ユダ・ハナシーのミシュナーに多く採録された。また『ゾハル』の著者にも擬せられ、カバラー文献にもしばしば言及される。

〔18〕ゾハル le Zohar 「ゾハル」は「光輝」の意。カバラー文献の中心的著作。その大部分はラビ・シモン・バル・ヨハイとその高弟たちとの議論の体裁をとる。時代、著者を異にする複数のテクストの集積と考えられているが、成立過程は確定されていない。

〔19〕ラビ・イェホシュア・バル・コルハ Rabbi Yehochoua bar Korha (Joshua b.Korha) 紀元二世紀頃のタンナ。シモン・ガムリエルと並ぶ大学者で、ユダ・ハナシーを育てた。ローマ軍との協力に反対し、弟子であるエレアザル・ベン・シモンを「葡萄酒の息子である酢」と評した。

〔20〕「一通の手紙」 レヴィナスの迂回的な暗示が導くとおり、この手紙の差し出し人はモーリス・ブランショである。(合田正人『レヴィナスの思想』弘文堂、一九八八年、三九〇頁以下がこの書簡について稠密な分析を行っている。)

〔21〕ラビ・イシマエル・ベン・ラビ・ヨセ Rabbi Yishmael ben José (Ishmael b. Yose b. Halafta) 紀元二世紀頃のタンナ。ユダ・ハナシーの僚友。ローマ軍により警察の職を強要され、それを拒否しなかったために厳しく批判された。

〔22〕「臓腑の試験」 タルムードではこのあとラビ・エレアザルは大理石の部屋に入れられ、腹を切開され、籠一杯の脂肪を摘出される。切り出された脂肪は夏の太陽にさらされたが腐敗することがなかった。ソンツィノ版の注によるとこれはラビが正しく行動し堕落をまぬかれていたことの証拠であるという。

〔23〕ラケダイモン Lacédémone 古代ギリシャの都市国家。別名スパルタ。

第二講　イスラエルと若者(1)

「ナズィール」66a―b〔1〕

【ミシュナー】

ラビ・ネホライの話によると、サムエルはナジル人であった。というのは、こう言われているからだ（『サムエル記Ⅰ』一・11）。「その子の頭に、かみそり（モラー）を当てません。」さて、サムソンについても「モラー」の語が用いられており（『士師記』一三・5）、サムエルについても「モラー」の語が用いられている。「モラー」という語はサムソンの場合、彼がナジル人であることを示していた。ならば、サムエルについてもこの語が用いられている以上、サムエルもまたナジル人であることになる。

ラビ・ヨッシはこれに異議を唱えた。「モラーという語は肉と血を備えた存在者であることによって生じる恐れを意味するのではないだろうか。」ラビ・ネホライは答えた。「しかし、こう書かれてはいないだろうか。『サムエルは言った。《私はどうして行けましょう。サウルが聞いたら、私を殺すでしょう》』（『サムエル記Ⅰ』一六・2）。つまり彼は肉と血を備えた存在者であるために生じる恐れを十分に認識していたのである。」

【ゲマラー】

ラヴは息子であるヒヤに言った。「先に手にして、唱えよ。」すると、同じように、ラヴ・フナも息子であるラバに言った。「先に手にして、唱えよ。」これはどういうことかと言うと、祝福を唱える者の方が「アーメン」と言う者よりも偉大であるということである。しかしあるバライタにはこう書いてある。「ラビ・ヨッシはこう教えた。『アーメンと応える者の方が祝福を唱える者よりも偉大であるということがあるだろうか。』するとこれにラビ・ネホライが応えた。『神かけて言うが、なるほど戦端を開くのは歩兵だけれども、周知のとおり、勝利が帰されるのは戦闘の最後にやって来る精鋭の兵にである。』

この問題はタナイームたちの間で議論された。こういうバライタが存在する。「祝福を唱える者も、アーメンを唱える者も、いずれもその報償を受けることに変わりはないのだが、祝福を唱える者の方が最初に報償を受けるのである。」

ラビ・エレアザルはラビ・ハニナの名において言った。「叡智の弟子たち（タルミディ・ハハミーム）は世界を平和で満たす。というのは、こう書かれているからだ（『イザヤ書』五四・13）。『あなたの子供たちはみな、主の教えを受け、あなたの子供たちには、豊かな平安がある。』」

《選択》

皆さんにお配りしたテクストは一見すると若者とは全然関係がないように見えると思います。さらに困ったことに、ここに引いたいくつかの断片の間にも、ほとんど関係がないように見えます。けれども、これらの断片は深いところでつながりを持っており、それを発見するように、と私たちを誘っています。そして、そのつながりの中にこそ、これらの断片の意義深い教えがひそんでいるのです。それが私がこのテクストを選んだ理由の一つですが、そればかりではありません。もっと穏当な、皆さんにもすぐにご理解頂けるはずの理由もあったのです。このテクストは『民数記』一章から二一章において示されている「ナジル人」の誓願[2]にかかわっています。ナジル人は頭の毛を刈ってはいけない決まりです。「彼がナジル人としての聖別の誓願を立てている間、頭にかみそりを当ててはならない」と聖書には書いてあります。さらに『民数記』がこの禁制の理由としていることがらは、長髪の可否よりもずっと非現実的なことですので、おおかたのひとは納得がゆかないことと思います。髪を刈らない理由は「神の光輝が彼の頭の上にあり、彼がこの光輝を頂いている限り、彼は主にささげられているからである」というのです[3]。

イスラエルの若者を主題にした話で、ナジル人についてのテクストを私は選択したわけですが、それは聖句を二つに分割し、律法とその制定事由を切り離して論じようと思ってのことではありません。実は私は先日、世の中の事情に精通しておられるあの『ル・モンド』紙を読んで仰天したのですが、長髪の若者たちは、あの煩わしいヘア・スタイルによって、彼らが心ならずも属している社会に対する反抗の意を表明しているのだそうです。「われわれは社会が変わるまでは髪の毛を切らないぞ」とその若者たちは述べているそうです。彼らは（自覚してかどうかは知りませんが）自らを主のものとして聖別しているわけです！　聖句の後半が再び見出されたのです。神の光輝が現われたのです！　ナジル人の頭上の神の光輝は、何よりもまず彼の心の奥底に正義を求める心があることを意味し、あるいは表現していること、おそらくそれが聖書のテクストの言おうとしていたことだろうと思います。

《テクストの言葉を認めること》

しかしナジル人の制度は、『民数記』の記述にしたがうならば、別の規則をも含んでおります。テクストの註解に進む前に、その規則をひとわたり見ておきましょう。といいますのも、ユダヤ教の本質にかかわる講話の中で何かしら厳密なことを語りうるのは私の喜びだからです！　ここで述べられている厳密な規定には、見たところ全然神秘的な要素はありませんが、こういうところにこそ最も貴重な暗示がひそんでいるのです。当然のことですが、ここではすべてが宗教的な用語で語られています。しかし「ユダヤ思想はユダヤ人にしか理解できない」という巷間流布している偏見にもかかわらず、自分は全く信仰心を持っていないと心の底から確信している人々にとってさえ、はっきり了解できるような普遍的な意味をこの言語は持っています。しかし、言わせて頂ければ、なんという崇高な確信でしょう！　私が思いますに、自分は全然信仰心がないと確信することは、自分は宗教的確信を持っていると確信することに比べれば、ずっと困難なことです。しかし、さしあたり、そのことはどうでもいいのです。無神論者は強固な信念の持主であることに間違いはありません。というのも、彼らは自分が自由に思考していることには一抹の疑問も抱かないからです！

それではその言語にあるいはその宗教的な比喩のうちにとにかく進んでゆくことにしましょう。まずはじめに申し上げておきたいことは、テクストの所与をそのまま受け容れることです。すぐに著者、あるいは著者たちの精神分析に走ったり、その底意を咎めたりすることは控えたいものです。テクストは誠実に書かれているもの、と想定しましょう。その上で、一体このテクストは何が言いたいのか、と問うのです。そのテクストが使用している用語の中には一つの思想が存在し、それゆえ、その言辞、その表象は他の言語、他の概念にも転位することが可能であると想定しましょう。この転位において、おそらく解釈が行われるのです。解釈というのは、テクストの言辞をまずそのままに受け取って、それにしたがってことがらを整序してからでなければ不可能なものだからです。「神」、「神のものとして身を聖別する」、「神の光輝」といった言葉はですからひっこめるわけには参りません。私たちのテクストにあるこういった言葉の織りなす星座から、あらゆる教理問答から免れた一つの意味がたちのぼってくることだけを期待しようではありませんか。おそらく私たちはこういうことに気がつくでしょう。私たちのテクストが教える複雑な構造あるいは意表を衝く意味作用は宗教的な言語によって、その言語の多面的な意味にしたがってしか、語られえないのだということを。さまざま解釈は（私たち自身のものをも含めて）その一面を取り上げるに過ぎません。そもそも私は、哲学と単なる思索の間には根源的差異がある、という主張にはどうしても与することができません。あらゆる哲学は非哲学的な淵源に由来するのではないでしょうか。哲学学級に進学したばかりの理屈屋さんを黙らせるには、新奇な術語をギリシャ語の語源から定義してやるだけで十分なことがよくあるものです。

《ナジル人とその禁忌》

ではナジル人の記述に戻りましょう。ここでは、イスラエル人がある誓願の結果、一定期間おのれの身に課す条件が問題になります。この条件は髪を切らないという誓いの他、二つの禁忌を含みます。ナジル人である期間、ナジル人は葡萄酒を飲んではならず、葡萄の木から生じるものは一切口にしてはなりません。干葡萄も葡萄の皮も口にしてはならないのです。聖書のテクスト自体が、葡萄酒に関する禁忌を葡萄の産物全体に拡張しています。あたかも、侵犯を防ぐために、「律法」それ自体が、知らず知らずのうちに忍び込んでくる可能性のあるものを排除しているかのようです。あたかも、聖書のテクスト自体が、のちにラビたちの作品がそれを適用することになる「律法の禁域」のモデルをなぞっているかのようです。ラビたちはトーラーの定めた禁忌が遵守されるように、これに無数の禁忌を付け加えたのです。

もう一つの禁忌。ナジル人はナジル人である期間（最低でも三〇日）あらゆる不浄との接触を禁じられます。とりわけ死人との接触は不浄の最たるものです。ナジル人は死人がいた部屋に入ることさえ許されません。なるほど、自分の意志の強いところを示すためなら、葡萄酒を飲まなかったり、葡萄の産物を口にしなかったりすることはできるでしょう。髪にかみそりを当てないでおくこともまた自分の力でどうにでもなります。サムソンの場合はたしかに髪の毛を寝ている間に切られてしまいましたけれど、これもサムソンの身に頻繁におこったことではありません。けれども、突然ひとが死んでしまう部屋にたまたま居合わせるということは、自分の力でどうこうできることでないだけに、十分ありうることです。つまりナジル人は心ならずも不浄に触れる可能性があるのです。この場合ナジル人の誓約は中断されます。彼は頭の毛を剃り、アシャム[4]と呼ばれる生贄を捧げ、そして彼の最初の誓願によって定められたとおりのナジル人の期間を再開するのです。

以上が非常におおまかにではありますがナジル人の誓約の要約です。これを定めた『民数記』の二一章の他、タルムードの一篇がまるごと（六六頁の倍、つまり一三二頁の分量があります）ナジル人を扱っています。私が註解のために訳出したのはその一三二頁目の最後の一三行であります。

しかし註解に入る前に、今私が要約致しました禁忌が含む無数の意味作用のうちの一つについて、それが何であるか推察させて頂きたいと思います。このような仕事は、私ごとき者の持つ知識よりはるかに深い知識を前提とするものでありましょうし、この席でのご発言者の方々のうちには、「ユダヤ思想」を駆使することにかけては、私などよりも十分な知識を備えているという自信をお持ちの方もおられることでしょう。しかし、それでも、ご臨席のタルムード学者の方々は、この件についての私の無知の程度はご了解ずみであろうかと思いますが、私があえて説明を試みようとするのをご容赦願いたいと存じます。私の話をお聴き下さっている熱心な聴衆の方々を失望させないためにも、そうすることが必要である、と私は考えるのです。と言いますのも、この方々は、ユダヤ教に接近しようとすると必ずや無数の「あれをしてはいけない。これをしてはいけない」という禁制に逢着し、それですっかりうんざりしてしまう傾向にあるからです。私がこれからお話しすることは、ですから、私が学んだわずかばかりのことにしたがった一つのアプローチに他なりません。

《動機》

なぜ死体との接触はナジル人を不浄にするのでしょうか。それはユダヤ教において、死が不浄性の原理であるからです。事実、死は「原理の原理」と呼ばれます。もっと描写的で、それにもかかわらず厳密に技術的な表現にしたがえば、「不浄性の祖父」とも呼ばれます。といいますのも、すべての霊的な不浄は死者たちとの接触に由来するからです。神秘的な思い込みだ、とおっしゃる方もおられるでしょう。そして民族誌学を援用して、そういう思い込みは他の宗教にも認められる、などとおっしゃる方もおられるでしょう。しかし、ユダヤ教において、死者の不浄性は、神聖なるものと世俗的なるものを区分するリストに準拠して定められているのではありません。死者との接触はタブーの侵犯ではありません。死が不浄性の淵源であるのは、死が生のすべての意味を剝奪する危険があるからなのです。たとえ哲学的には死に対して勝利を収めえたとしても、そうなのです！　なぜなら、新たに死に触れる毎に、すべての意味はたちまち不条理に帰す危険があるからです。死に触れる時に、私たちは刹那的享楽（carpe diem「現在を楽しみ給え」）の背後で、確実に時間が流れ去ってゆくことを、この窮極の悲痛な事実を、知ってしまうのです。立派な誓約も、立派な生贄も、いつでも腐敗のせとぎわにいるのです。死はそれゆえ不浄性の原理なのです。

では葡萄酒の禁止はどういう理由によるのでしょうか。それは酩酊することが幻影であり、問題の消失であり、責任の終わりであり、技巧的な熱狂であるからです。ナジル人は「悪」と不幸を失念することによって騙され、実存の重さから解放されることを望んではならないからです。明晰さ、リアリズム、明晰さのうちでの主への絶対的な忠誠が求められているのであって、陶酔のうちでの忠誠が求められているのではありません。

では長い髪とは何なのでしょう。これから申し上げることが、私がこのあと行うつもりの解釈をいくぶんか正当化してくれるものと思います。ナジル人である期間は髪を切ってはならない、そしてナジル人の期間が終わったら髪を切らねばならない。「律法」はそう定めております。ナジル人は彼の誓願の期間の終わりにいたると神殿の祭壇の前に進み、生贄を捧げ、髪を切らせます。そして切った髪の毛を火の中に投じ、葡萄酒を飲むのです。さて、彼がナジル人の期間に伸ばしておいた髪の毛とは、自分の外見を意に介することなしに、「自分自身とまっすぐに向き合う」一つの存在のしかたを意味するのではないでしょうか。「鏡なしに」存在するしかたを。すなわち、自己に立ち返ることなしに存在するしかたを。なんというアンチ・ナルシシスムでしょう！　では、ナジル人の期間が終わると、ただちに髪の毛を切らねばならないのは、なぜでしょう。おそらくそれは、自分の身に加えた気高い暴力が甘美な習慣と化し、制度に対する抵抗がそれ自体制度化してしまうことを防ぐためなのです！　髪の毛を伸ばしたままにしておくこと、自分を顧みないこと、自分に立ち返らないこと、自分のしていることがどんな効果を生むかなどに心を奪われないこと、自分のしていることの大胆さの程度を測ったりしないこと、こういったことはそのひとが純粋で明晰である限りは、比類なく美しい行為であると言えましょう。けれども大胆さが職業と化してしまうことには注意が必要です！　革命的意識が消え去って、ただ傲慢さだけが残ることには注意が必要です！　確かに髪の毛は伸ばさなければなりません。けれども、ある時が来たら髪の毛は切らなければならないのです。というのは髪の毛が自己に対する無意識の制服になる危険があるからです。髪の毛を伸ばすことは、確かに、自分に対する無関心、外見に対する軽侮の念を示すものであるかも知れませんが、それが若者たちの社会的理性に対する立場であり、彼らなりの権利請求であるとすれば、話はちがいます。制服として髪の毛を長く伸ばすことは、長髪の本義に悖るのです。

以上がいくつかの儀礼の動機と思われるものです。タルムードはこのような動機の探索については慎重を期すべきであると教えています。ある命令を「仮言的」（その語のカント的な意味においても、普通の意味においても）なものにするためには、その命令の理由を尋ねるだけで十分だからです。[5] 皆さんはこう思われるでしょう。「儀礼が定める命令は確かに一般のひとを危険から守るためにあるのだけれども、私のような特別な人間は、そのような危険に脅かされてはいないのだ」と。おそらくこれこそソロモン王の不幸だったのです。王は聖書が述べているように、あまりに多く妻を持つことはすべての男にとって迷いの原因となることを知っておりながら、自分だけはそのような瑣末事からは免れているものと信じ切っていました。その彼の身にどういうことが起こったかは、皆さんご存じのとおりです。ですからナジル人規定の三つの禁制の理由を尋ねることによって、私もまた重大な違反を犯してしまったのです。違反と言ったら言い過ぎかも知れませんが、少なくとも私は、ひとが一生をかけてそれに身を捧げ尽くしてもいいような崇高な条件を、最低三〇日間の限られた時間内だけ遵守することのできるものとみなす可能性を残してしまったからです。

《ナジル人と司祭職》

ナジル人（それがどういうものかについてはすでにお話ししたとおりです）のモデルになっているのは大祭司の条件です。となると、ここで一つ問題が出てきます。ナジル人は、「神殿、そこで行われる礼拝、そこで聖別される司祭たち」といったような、聖職者中心主義の疑いを一部のひとの眼に抱かせるような観念の復興をめざすものではないかという問題です。こういった観念が暗示する諸制度の歴史性については、ひとそれぞれいろいろなお考えがおありでしょうが、ユダヤ教が省察され、規範が定められている書物は、その言葉のままに読まれねばなりません。といいますのも、その規範のうちにおいてユダヤ教の世界観とその使信が表現されているからです。歴史学や社会学の助けを借りるより前に、まずテクストをその固有の語法のうちに解読してゆくことが肝心なのです。務めを行う大祭司、祭司（定期的に順番が回ってきます）はナジル人と同じ禁制を義務づけられています。彼らもまた三〇日間、自分の髪の毛に触れてはなりませんし、葡萄酒を飲んだあとに神殿に入ってはなりません。『レビ記』一〇章に描かれている大祭司アロンの年長の二人の息子の無残な死について、註解者たちは彼らがこの定めを守らずに天幕の中に入ったのがその理由であるとしています。もう一つ、死者との接触も祭司にはつねに禁じられています。ということはつまり、祭司とは恒常的なナジル人であり、ナジル人とは一時的な祭司ということになるのでしょうか。タルムードの分析はこのようなニュアンスを欠いた定式化を嫌います。とはいえ、ナジル人の禁制と祭司の儀礼の間のあきらかな類縁性は、ナジル人であること、つまり主に捧げられていることに付随する崇高さを表現する補足的な暗喩である、とくらいは言ってもさしつかえないでしょう。ナジル人は神殿に足を踏み入れる祭司にかかわる例外的な条件をその身に引き受けています。これは至高者への接近、典礼の暗喩です。さて、典礼とは何かと申しますと、ただ一人の者が集団のために司式するものの謂です。つまり選びの先端です。一人が全員のために務めること、これです。

《愛すべき若者たち》

さて肝心の若者たちはこの話のどこに登場してくるのでしょう。今朝の討議のあと、とくにウラディミール・ジャンケレヴィッチ[6]とマドマゼル・ド・フォントネ[2]のお話を承った限りでは、「若者」とは、年齢によって定義するならば、ある種の不安定性、それ自体としては無意味な観念のように思われます。またファシズムが若者たちを人々の間の真の対立と確執を隠蔽するために利用したあの手口を思い出す限りは、危険な観念のように思われます。とはいえ、たとえ若者たちの傲慢さ、その自然発生性、その過去の拒否、その自由といった特質を、そんなものはたかだか彼らの残忍性、野蛮性、軽薄さの裏返しに過ぎないといってしりぞける人々がいたとしても、なお若者たちの理想が人々の上に及ぼす魅力が大きなものであることに変わりはありません。いずれにせよ、彼らが他者として、とりわけ好ましく、愛すべきものであることに変わりはありません。彼らを見下したように語ることはできません。若者たちに文句をつけるひとは、本当の若者たちはどこかよその場所にいる、と言います。若者を攻撃するために早くも若者を利用するのです。

私が読んでいるテクストもまた若者についての一つの概念によって導かれております。けれども、その概念はそれほど弁証法的なものではありませんし、その概念によれば、若者の美質はそうそう容易にエゴイズムやとりわけ（これは逆説的なことですが）人間性のうちにある非常に滅び易いものの呼称に変質したりはしないように思われます。

《義人シメオンのナジル人》

お手もとのテクストに取りかかる前に、同じ『ナズィール』の4bにある別の章句を読んでみることにしましょう。そこではある高貴な生き方が論じられており、私たちが若者らしさと呼ぶことができるような現象が認められるからです。これはある特別に例外的なナジル人についての話ですので、皆さん方の多くはご存じであろうと思います。私たちの全員とはいわぬまでも、かなりの方々が小さい頃に聞かされた記憶があるのではないでしょうか。「義人シメオン[7]は言った……」というのを。義人シメオンと言えば非常に有名な人物です。『原理論』（マドマゼル・ド・フォントネ、あなたがさきほど引用なさったあの『ピルケイ・アヴォット』[8]のことです）の中で最初に登場する「言葉」は義人シメオンのものです。「義人シメオンは大シナゴーグの最後の律法博士たちのうちの一人であった。」つまり非常に古い時代の律法博士の一人だということです。エルサレムにアレクサンダー大王を迎えたのはこのひとです。これについては、あまり知られていない逸話があります。アレクサンダー大王はマケドニア出身ですが、ギリシャ的なひとで、アリストテレスがその師でありました。さて大王は伝統的なユダヤ教を、少しばかり哲学を齧っただけで、たちまち自分は骨の髄までギリシャ的な人間になったと思い込むような今日の若者たちにはとても歯が立たないような一つの思想であると考えていました。『ナズィール』の４ｂによれば、義人シメオンは次のように語ったとされています（アレクサンダー大王の名前は出てきませんが、ギリシャの物語のことを私たちに連想させずにはいません）。

義人シメオンは言った。「私は不浄の身となったナジル人の持ってきた供物を添えた食事を生涯一度も口にしたことがない……」

これは死体と接触を持ったために不浄の身となったナジル人が奉献した供物のことを指しています。こういう場合、ナジル人は一度髪の毛を切り落とし、それからナジル人期間をはじめから再開しなくてはならない決まりでした。供物は祭司が与る食事を含みます。そして義人シメオンは大祭司でした。なのに彼はそれまで一度もこのような食事に与りませんでした。なぜでしょう。註解者はこう説明しています。ナジル人は不浄にかかわると誓約の期間を中断し、はじめからその試練をやり直さなくてはいけない決まりです。果たしてそんな勇気がナジル人にあるかどうかははなはだ疑わしい、とシメオンは考えていたのです。つまり彼は祭司に奉献された供物が、誠実な気持を欠いていたために、聖別されたものでないことを恐れたのです。もしそうであれば、そんなものを口にすることは供物の瀆聖以外の何物でもありません。義人シメオンは瀆聖の行為には決して参加すまいと心に決めていたのです。

私は不浄の身となったナジル人の持ってきた供物を添えた食事を生涯一度も口にしたことがない。ただ一度の例外は、南から来た一人の若い男の供物を添えた食事だけである。この男は姿が美しく、眼が美しく、そして髪の毛は巻き毛になって垂れ下がっていた……私はその男に言った。「わが息子よ、どうしておまえはそんなにも美しい髪を傷つける決意をしたのだ。」（これは不思議な問いです。というのも、この若い男がやって来たのは供物を捧げ、髪を切ってもらうためだからです。いずれにせよナジル人の期間が明ければナジル人は髪を切らなければならないはずです。）すると男はこう答えた。「私は村の羊飼いです。私は父の羊の群れを見ています。私はいつも小川に水を飲みに行きました。そして、ある日、小川に自分の姿が……私の悪い性格が映るのを見たのです（この部分は私の『本能』と訳すべきでしょうか。あるいは私の『悪しき本能』か、それとも私の『人格』か、私の『自我』か。私が訳そうとしている言葉は『イツリィ』つまり『私のイェツェル』です。この名詞は動詞『ヤツァル』すなわち『創造する』の派生語です。『イツリィ』それはおそらく、『私のうちなる被造物的なるもの』ということになるのかも知れません）。その時、『イツリィ』が暴れ出して（あるいは『陶然となって』）、私を世界から（あるいは私の世界から）追い出そうとしました。そこで私はそれに向かってこう言ったのです。『やくざ者め、どうしておまえは自分の物でもない世界を自慢するんだ。その世界で最後は蛆虫に喰われてしまうというのに。神かけて、俺はこの髪の毛を切り落とすぞ』、と。」義人シメオンは言った。「そこで私は立ち上がり、若い男の頭を抱きしめてこう言った。『おまえのような若者がイスラエルに輩出しますように。おまえのような若者について聖書はこう書いている。《もし男が主のものとして身を聖別するためにナジル人の誓約を立てる時には……》』」

この話にトサフォット〔9〕はこう註解を加えています。「最初から、その男の誓約は天に向けられたものであった。」つまり彼の誓約は無私のものであったということです。義人シメオンは、この若者であれば、死者との予期せぬ接触によって不浄となり、誓約を無効にするようなことはないはずだと確信したのです。多くのひとは困った時や過ちを償う時にナジル人の誓願を立てます。そのような改悛の行為は、この註解者の眼には、すでにして利害の絡んだ行為と映ったのです。このテクストをトセフタと合わせて読むと、ナジル人の誓約の意味はいっそうあきらかになります。それは「無私」（dés-intéressement）ということです。その言葉の単に道徳的な意味においての「無私」ではなく、もっと根源的な意味においての「無私」です。ある存在者の本質（essence）に対立する「無私」です。本質とは、厳密に言えば、本質のうちにおける恒常的な持続、本質の本質自身への帰還、自己意識、自己満足のことを指します。若い羊飼いが正しく見てとったように、本質とは単に持続であるのみならず、老化であり、死ぬことでもあります。つまり自己意識とは、老衰してゆくことを忘れがちな、条理をわきまえぬ傲慢のことなのです！　義人シメオンが出会った卓越したナジル人はそれを峻拒したのです。この自己観想を峻拒したのです。自分が美しいことを拒否したのではありません。美しいものとして自分に見惚れることを拒否したのです。羊飼いはそのナルシシスムを拒絶しました。ナルシシスムとは自己を意識することです。そして私たちの西欧哲学、私たちの道徳はまさにナルシシスムを基盤にして成立しているのです。今、私は「私たちの」と申し上げました。しかるに、義人シメオンが語る若い羊飼いは「思惟の思惟」をきっぱりとはねつけました。さて「思惟の思惟」こそ、アリストテレスの神がそれをもって記述されるところのものであり、ヘーゲルの『エンチクロペディー』の、そしておそらく西欧哲学の、窮極にあるところのものであります[10]。となれば、あの羊飼いは自分が世界から出てゆくのを、自分のものである秩序から外へ出てゆくと感じていたのでしょうか。自分自身を見惚れているうちに自分は滅びつつあると感じていたのでしょうか。彼のナジル人の誓約はこのような水準で考察されねばならぬのです。

私たちがこれから読んでゆくテクストは、ここまでの考察の延長上に読まれるべきものです。テクストはナジル人の誓約について、私たちに新しいことを教えてくれることになるでしょう。若い羊飼いは、自分の鏡像を前にした時に、勝ち誇った気持と同時に自分が正常ではないという印象を持ったわけですが、この時に彼はまさしく若さについての一つの理念と戦っていたのです。この羊飼いが戦った若さについての理念とは全く異質な、若さに対する別の理念をこのテクストはおそらく語ることになるでしょう。

【ミシュナー】

ラビ・ネホライ〔11〕の話によると、サムエルはナジル人であった。というのは、こう言われているからだ（『サムエル記Ⅰ』一・11）。「その子の頭に、かみそり（モラー）を当てません。」

ミシュナーの提起している問題は（言い落としの多い語法によって述べられていますけれど）以下のとおりです。ナジル人の誓約はどのようなものであるかを指示した儀礼が存在します。誓約はただちに誓約者を拘束します。といいますのは、ひとはいつ死ぬかも知れないし、いつ誓約の履行を妨害されるか分からないからです。未来は眼の前にあり、延期不能であります（『ナズィール』論の多くの議論の主題であるこの緊急性の意味についてはここでは論及する余地がありません）。けれども、またひとは自分の前を通り過ぎるナジル人の前で、「私もこのひとのようになりたい」と口にすることによって誓約を宣言することもできるのです。眼の前にいない場合は「誰それさんのようになりたい」と言うこともできます。さてそれでは、「サムエルのようになりたい」と言うことは可能でしょうか（ここでいうサムエルというのは聖書の『サムエル記』の冒頭に登場する預言者サムエルのことです）。それは可能なのです。サムエルがナジル人であるとみなされている限りは。まさしく私たちのミシュナーが扱っているのはその問題なのです。聖書のテクストにおいては、サムエルに関しては「ナジル人」の言葉は語られません。しかるに、ラビ・ネホライは、サムエルは紛れもなくナジル人であると考えたのです。どうして彼はそのことを知ったのでしょう。それは、こう書かれているからです（『サムエル記Ⅰ』一・11）。「その子の頭にかみそり（モラー）を当てません。」

これは不思議なナジル人です！　聖書によれば、「その子の頭にかみそり（モラー）を当てません」という誓約を行ったのはサムエルの母親であるからです。誓約がなされた時に、母はまだサムエルを妊娠してさえいなかったのです。誓約は髪の毛のみにかかわっています。不浄について、あるいは葡萄酒についてはひとこともありません。しかしあたかも母親が行った誓約でも有効であるかのように事態は進行してゆきます。あたかも個人的な約束、自由意志に基づいて採択された約束（それが私たちの西欧哲学においては霊性の保証であるのですが）はそのひとが一生を捧げるべき召命を決定する最高の審級ではないかのように事態は進行してゆきます。当今のリベラリスムは、若さ、新しさ、「今ここで」のアンガジュマンを崇拝する傾向にありますけれど、この話によれば、そのようなものよりずっと上位の水準において、私たちが自分の意志でものごとを開始するより先に、伝統の持つ内的な価値に支えられて、ある崇高な義務の運命が開始していることもありうるのです。以上が少なくともここで問題にされていることです。

サムエルがナジル人であることを論証するために、ここで問題は純粋に実践的なレベルに移されることになります。すなわちあるひとが「私はサムエルのようになりたい」と言った場合に、そのひとはナジル人になるのかどうか、という問題です。ラビ・ネホライは類似性に基づいて推論します。

さて、サムソンについても「モラー」の語が用いられている。「モラー」という語はサムソンの場合、彼がナジル人であることを示していた。ならば、サムエルについてもこの語が用いられている以上、サムエルもまたナジル人ということになる。

サムソン、このひともまた自分の意志によらずになされた誓約によって拘束されたナジル人でした。彼の場合、誓約を行ったのは母親ではなく、主の使いあるいは天使です。つまり神の命令としての誓約であるわけです。サムソンは神の意志にしたがってナジル人になったのです。ということになれば、サムエルのナジル人誓約とサムソンのそれは同じ種類のものであることになります。主の使いがあなたの代わりに誓約を行うと、あなたがそれに拘束されるのです！　意識にとってこれ以上許しがたいことはありません。と言いますのも、意識においては、すべては自由な行為のうちにおいて開始されねばならず、自己意識は、意識を成就するものであるがゆえに、至高の自由であるからです。さて聖書のサムソンにかかわる記述によれば、彼は母が妊娠する前からすでにナジル人と呼ばれています。天使はサムソンの母にこう告げます。「気をつけなさい。葡萄酒や強い酒を飲んではならない。汚れた物を一切食べてはならない。というのは、あなたはこれから身ごもり、息子を生むことになるからだ。その子の頭にかみそり（モラー）を当ててはならない。その子は胎内にいる時から神（エロヒーム、すなわち厳正なる正義の神としての神）に聖別されたナジル人であるべきだからである」（『士師記』一三・4―5）。そして、この先の方で天使（あるいは主の使い）はナジル人の規定に定められているとおりに、母親に「葡萄の木からできる物」（『士師記』一三・14）を口にすることを禁じるのです。

長い髪をしたサムソンは、義人シメオンの語る美しい巻き毛をした若い羊飼いと同じように、ナジル人の原形であるように思われます。伝承によればサムエルはモーセとアロンとに比肩する存在でした。というのも、こう書かれているからです（『詩篇』九九・6）。「モーセとアロンは主の祭司の中に、サムエルは御名を呼ぶ者の中にいた。彼らは主を呼び、主は彼らに答えられた。」さてサムエルには「ナジル人」サムソンと類似したところがあります。それは彼らが二人とも「自分が選択したのではない召命に捧げられている」ということです。サムソン、これこそは典型的な若者です。彼にまつわる伝説は若者の悲劇、若者の過ちと愛からなる悲劇に他なりません。サムソンの運命のうちには、ナジル人の誓約の崇高さの一つの規範が存在するということ、これを勘案する時に、私たちは若者の可能性と霊性の本質についてさらに問いを深めてゆくことができるでしょう。どうやら私たちは義人シメオンがナジル人に与えた意味からしだいに逸脱し始めています。けれどもこの時はじめて私たちはラビ・ヨッシの発言の意義を十全に理解できるようになるのです。[12]

ラビ・ヨッシは異議を唱えた。「モラーという語は肉と血を備えた存在者であることによって生じる恐れを意味するのではないだろうか。」

《恐れることなく》

「モラー」というヘブライ語の末尾に「ヘー」の代わりに「アレフ」を置くと、「かみそり」ではなく「恐れ」の意味の語になります！[13]「かみそりをその子の頭に当ててはならない」は「恐れる気持がその子の頭の上にあってはならない」という意味に変わるのです。「ヘー」を「アレフ」に置換しなくとも、「モラー」を「マルート」の派生語と考えると（これは註解者マハルシャア[14]の説ですが）同じ意味が得られます。というのは「マルート」とは「権力」あるいは「領主権」を意味する語だからです。とするとこの部分は次のように翻訳されることになります。「その子の頭の上には他者のいかなる権威も及んではならない。」こうなると私たちのテクストは実に意味深長なものとなってまいります。ラビ・ヨッシによれば、ナジル人とは「誰をも恐れない者」あるいはより正確を期して言えば「権力を恐れない者」として定義されることになります。ナジル人の定義、あるいは若者の定義と言うべきでしょうか。この二つの定義はサムソンのひととなりのうちに重なり合っています。これは今日でも通用する定義です。若者というとすぐ「創造性」というような定義が口にされますが、それよりはずっとましです。「創造性」という言葉は「対話」とほとんど同じくらいに腹立たしく、すり切れた言葉です。

しかし残念ながら、ラビ・ヨッシの意見は反駁されてしまいます。

ラビ・ネホライは答えた。「しかし、こう書かれてはいないだろうか。『サムエルは言った。《私はどうして行けましょう。サウルが聞いたら、私を殺すでしょう。》』つまり彼は肉と血を備えた存在者であるために生じる恐れを十分に認識していたのである。」

ラビ・ネホライはその返答の中で『サムエル記I』(一六・2)のテクストを論拠としています。サウルはサムエルから言い渡された命令に背き、アマレク人の王アガグを聖絶せずに許します。そのためサウルの治世は(主の眼からすれば)実質的に終わることになるのです。そして神は、サウルに代わって王となるべき者に油を注がせるために、サムエルをベツレヘムにお遣わしになります。それがダビデとなるわけなのですが、サムエルははじめこの任務をいやがります。というのもサウルがそれを知ったら、きっとサムエルを殺すにちがいないと思ったからです。さてテクストは驚くべき内容を伝えます。主がサムエルとこの恐怖の念を共有したというのです!

神が自分が差し向ける使者の身の安全を保証するだけの力も持たない、というようなことがありえましょうか。いずれにせよ神はサムエルに策略を授けます。サムエルのベツレヘム訪問はローカルなお祭りにかこつけて行われることになるのです。主はおそらくこう思われたのです。権力にもいくらかの権利、いくぶんかの存在理由がある、と。ですから、このテクストの中には革命的な身振りに対する留保が認められます。少なくともラビ・ネホライによれば、ナジル人の本義は無鉄砲な蛮勇でも既成権力を侮ることでもありません。もしナジル人の意味と若者の意味が重なり合うものであるとしたら、「革命的精神」だけで若者を語り切ることはできないということになります！

とはいえ、私はラビ・ヨッシの説がおおいに気に入っておりますし、おそらく会場にいらっしゃる皆さんも彼の立場に与するであろうと思います。もしタルムードの博士たちがこの説に対する駁論を採録していなかったとしたら、私たちはこの説はタルムードの博士たちにもおおいに受けたと考えることができたでしょう。しかし博士たちはラビ・ヨッシの説に対する反駁をも採録したのです。絶対的なるものの名において権力に異議を申し立てることは常軌を逸した、しかし同時に、大胆でかつ高貴な行いでもあるのです。こう言うべきでしょうか。「ナジル人は神に対して聖別されているがゆえに、誰をも恐れないのだ」と、あるいは「彼は誰をも恐れぬがゆえに、神に対して聖別されたのだ」と。この二つの命題は等価ではありません！　私に関して言うならば、私はあの最も理解に易いと同時に最も神秘的である言葉——神——の意味を、いかなるものであれ神学的体系のうちには求めません。私はその言葉の意味を、ほんとうに誰をも恐れることがない一人の人間、そのような人間が出現する状況に基づいて理解しようと試みるはずです。

しかし議論に決着をつけたのはラビ・ネホライでした。

結局、ナジル人と若者を定義するのは、勇気でも権力に対する異議申し立てでもありません。勇気があっても、自分が正確にはどこに向かっているのかは分かりません。無謀な果敢さとその暴力性のうちには、何かしら傲慢で安易なところがあります。そしておそらく残忍さも。厳正なる暴力がある時に、私たちの周囲は悲嘆にくれる人々で溢れ返ることでしょう！『サンヘドリン』論98ｂのテクストを思い出して下さい。そこではウッラー[15]とラバー[16]とラビ・ヨハナン[17]が「絶対的正義の勝利の時に展開する暴力に立ち会うよりは、むしろメシアの時の到来を知らぬ方がましだ」と語っておりました[3]。この主題はここでも変わりません。サウルの報復を予期してサムエルが恐れを抱いたことと、全能の神である主がこの恐れを共有したことに言及した時、ラビ・ネホライの念頭にあったのはこのことでした。といいますのも、神がサムエルの恐れる気持を汲んだのは、人間の権力のもたらしうるような恐れの気持を持とうが持つまいが、そんなことはナジル人であることの資格にはいささかも抵触しないのだ、ということを示されようとしたからなのです。

《方法論》

【ゲマラー】
ラヴ[18]は息子であるヒヤ[19]に言った。「先に手にして、唱えよ。」

ようやくゲマラーまでたどり着きました。私たちはミシュナーの註解を求めてゲマラーを読むわけですけれども、そこではあきらかに別のことが話題になっています。『ナズィール』論の最後のミシュナーに関するゲマラーは選び出された断章を組み合わせたような形式になっています。テクストの最初の部分は『ベラホット』[20]論に見出されます。テクストの終わりの部分は三つの論の終末部に相当します。三つの論とは、すなわち『イェヴァモット』[21]、『ベラホット』そして私たちが今読んでいるも単なる装飾のようなものです。これはどういうことなのでしょう。ゲマラーというのは単なる装飾のようなもので、ハラハー[22]の論考をアガダー[23]的な言葉で締め括って、読者を夢幻的な気持にさせたり、信仰心を吹き込んだりするという配慮に対応しているのでしょうか。もちろん、そういうような読み方が禁止されているわけではありません。しかしゲマラーにそれ以上のことを要求する読み方もまた禁止されているわけではないのです。

ではこのゲマラーが取り組んでいる主題とは何なのでしょう。全部で二つあります。最初の主題は、祝福（今の場合は葡萄酒に対する祝福です）を唱えることによって獲得される功徳は、その祝福に唱和して「アーメン」と唱えることによって得られる功徳と比べてどうであるか、をめぐるものです。どちらの功徳がより大であるか。これがどれほど重大なことであるか、お考え下さい。視野の狭いひとたちが「もっと真面目にやれ！」と叫ぶ声が聞こえるようです。自分と意見のちがうひとの話を、とくに自分の眼から見てあまりに高度過ぎる話の場合に、はじめから受けつけないひとがおりますけれども、この叫び声はまさにそのようなひとが自分を正当化するために発するものです。祝福するひとの功徳は「アーメン」を唱和するひとの功徳よりも大きいかどうかを知ること、こんなことは多くの書物を読んだ現代人にとって絶対に真面目な問題には見えないでしょう。さて、しかしほんとうにそうなのでしょうか。

ゲマラーが提起する二番目の主題に移りましょう。これはあきらかに敬虔な思考です。ただそれだけです。タルムードの賢者たちは世界を平和がしろしめすことを求めています。

ラビ・エレアザル[24]はラビ・ハニナ[25]の名において言った。「叡智の弟子たち（タルミディ・ハハミーム）は世界を平和で満たす。というのは、こう書かれているからだ（『イザヤ書』五四・13）。『あなたの子供たちはみな、主の教えを受け、あなたの子供たちには、豊かな平安がある。』」

それでもやはり、このとるに足りぬ篤信の言葉のうちに何か真面目なものがないかどうか問うことを皆さんはお望みでしょうか。二つの問題が出て来ております。このゲマラーは何を意味しているのか。このゲマラーともとのミシュナーの内在的関連は何なのか。三番目の問題もあります。こういった話の全部と若者はどういう関連があるのか。この最後の問題は、このテクストを皆さんの前で註解するために選び出してきた私の責任を問わずにはおりません。

テクストは何を意味しているのでしょうか。「ラヴは息子であるヒヤに言った。『（杯を）先に手にして、唱えなさい。』」つまりそこには何人かの人々が居合わせているわけです。その集まりを祝福するために葡萄酒の杯が持ってこられます。この場合、誰が祝福の言葉を唱えるべきでしょう。父親は息子にこう教えます。先に杯を手にして、祝福を唱えなさい。それは誰か他のひとが祝福を唱えたのち、それに応じて「アーメン」と唱和するより価値のあることなのだ、と。ですから、この父から息子への教えは重大なものであるにちがいありません。ラヴ・フナ[26]もまた息子に「先に杯を手にして、祝福を唱えなさい」と言わなかったでしょうか。

外見的には自己中心主義的で、まず礼儀にかなったとは言いがたいこの発言を承けて、ゲマラーの信じがたい結論（「これはどういうことかと言うと、祝福を唱える者の方が『アーメン』と言う者よりも偉大であるということである」）が帰結されます。しかしそうは簡単に話は済みません。あるバライタ（ラビ・ユダ・ハナシーの撰録したミシュナーに収められていない律法註解[27]）はこう述べております。「ラビ・ヨッシ（私たちのミシュナーで語っているラビ・ヨッシと同一人物です）はこう教えた。『アーメンと応える者の方が祝福を唱える者よりも偉大である。』」つまりラビ・ヨッシは「アーメン」と唱える者の功徳は祝福を唱える者の功徳にまさる、という説の信奉者であったことになります。これにラビ・ネホライが（私たちのミシュナーの中ではラビ・ヨッシに反論していたのに、ここでは意見の一致を見て）こう付け加えます。「神かけて言うが、なるほど戦端を開くのは歩兵だけれども、周知のとおり、勝利が帰されるのは戦闘の最後にやって来る精鋭の兵にである。」ですから当時からすでにそうであったことを私たちは知るのです。憐れな兵卒は殺され、将校たちが勝利を一人占めにするのだということを！

しかし歩兵と祝福の間、精鋭の兵と「アーメン」の間にはいかなる関係があるのでしょう。全く外在的な関係であるように思われます。最後にやって来る者が勝利をもたらす。だから最後に「アーメン」と唱える者が功徳を獲得する、というのです。なんて変な話でしょう！　なんとばかげた話でしょう！　祝福の順序から軍事的イメージに移行させるなんて、なんと奇妙な論理なのでしょう。とても真面目とは言えません。

この難所から脱出する上で、私は一七世紀のある註解者によって大いに助けられました。マハルシャアという署名のあるそのテクストは大きな権威を持っており、ゲマラーのテクストの多くの版に登場致します。

以下はマハルシャアの説です。彼の（宗教的な）言葉は、それが含んでいる世俗的な意味を開示するように解釈されねばなりません。しかし、ゲマラーを読むということは絶えず暗号を解読することであり、加えてこの暗号解読にはコードがないのです。

《祝福と第三世界》

祝福は第一次的な重要性を持つ行為であるといえましょう。食べたり飲んだりできるということは紅海の横断に匹敵するほどに、破格で、奇蹟的な可能性です。私たちはこのことが示す奇蹟を過少評価しています。というのは私たちが、今のところすべての面で何の不足もないこのヨーロッパに住んでおり、第三世界に住んでいるわけではないからです。そして私たちの記憶力の容量が小さいからです。第三世界に身を置けば、存分にものを食べられるということが奇蹟中の奇蹟であることが分かるはずです。ヨーロッパがこれほどの文明の進歩にもかかわらず、また再び赤貧の状態に戻るということはありえます。いくらでもありえます。戦争と強制収容所の時代がそのことを証明しております。というのもパンが、それが発生する大地から、それを消費する口にたどり着くまでの旅程は危険に満ちているからです。それは紅海の横断に匹敵するほどに危険な旅程なのです。ある古いミドラッシュ[28]はこれと同じ考えを次のようにして教えています。「あなたがたの畝溝を濡らす雨の滴の一つ一つは、その目的地にたどり着くまで、一万の天使によって導かれているのである。」ものを食べることができるということ以上に困難なことはないのです！　それゆえ次のような聖句が存在するのです。「あなたは食べて、満ち足り、祝福しなければならない」(『申命記』八・10)[29]。これは篤信者のおしゃべりではありません。そうではなくて、日々の奇蹟と、それが魂のうちに産みださずにはいない感謝の気持とを認めたものなのです。しかし感謝の義務というのはもっと奥の深いものです。あるラビたちの説によれば、食物と飢えたる人々の間には悪霊がいて、パンが人々の口に入るのを、おりあらば邪魔してやろうと待ちかまえております。そして祝福はこの悪霊を追い払う能力を持つ、仲介役の、味方の天使たちを呼び寄せることができるのだそうです。時代遅れの修辞学の文彩にすぎない、とお考えでしょうか。そうかもしれません。ここに私たちの住んでいるこの社会、自由競争と資本主義的諸矛盾の魅力的な社会の一面が活写されていることに気づかないひとにとってはそうかもしれません。

この命題に同意されれば、祝福と軍事的な争いの間の内的連関はずっと分かり易くなります。どういう経路を経て祝福と正しい大義のための戦い手はつながっているのでしょうか。イメージのうちにとどまっていてはなりません! ここでは平和的な競争が提示されているのです。つまりこういうことです。持てる者たち、裕福なる者たちが、自分のものである食糧を自分の侵すべからざる所有物として見ることを止め、それを与えられた贈り物として、つまりありがたく頂いたものであり、かつそれゆえに、他の人々にも当然分有する権利のあるものとして見る時に、はじめて、飢えたる世界の問題は解決することができるのです。欠乏とは道徳と社会の問題であり、経済だけの問題ではありません。これが私たちのテクストが不可思議な物語を通じて私たちに思い出させようとしたことです。これでもうお分かりになったでしょう。この内面的な、そして平和的な戦争は、祝福において自分の所有権を放棄した私によってのみならず、「アーメン」と唱和する人々によっても遂行されるべきものだ、ということが。飢えたる者が食べられるようになるためには、個人がまず率先して自分の所有権を放棄し、それに集団全体が続く、というふうにことが運ばれねばなりません。ですから、この食糧と戦いの理念はとても重要なものなのです。この物質主義がナジル人の誓約の律法を貫流しているのです。

一見するとほとんど根拠がないように見えるこのゲマラーとミシュナーの間の内的連関がこのように成り立つのは、この教化的なテクストを編纂したひとの気配りによるのでもなければ、ミシュナーでの討論者たちとゲマラーに引用されているバライタでの討論者たちが同一人物であるからでもありません。これが私たちに教えているのは、人間たちが食べるためには、この世界の中に、ナジル人が、つまり無私の原点が、なくてはならないということです。飢えているひとに食べさせるということは、精神的な崇高さが前提となります。第三世界が、後進国の人々が、腹一杯に食べられるようにするためには、あるいはまた、西欧がその富裕にもかかわらず、後進的な人類の段階に逆戻りしないためには、ナジル人が可能でなくてはなりません。ですから、逆に言えば、世界に食べ物を供与することは霊的な活動とも言えるのです。

こうしてナジル人の主題と祝福と「アーメン」の主題を結びつける立派な理由がみつかりました。この自分の権利の放棄、非ローマ的な所有権の承認、という道を進む限り、「杯を手にとり、祝福を唱える」ひとの他に先んじた行動が、それを真似し、あるいはそれに続き、あるいは「アーメン」と唱える大衆よりも、その重要性において勝っているか、勝っていないか、などというのはどうでもいいことなのです。以上のような了解に立つ時、これに続く調停役的でいながら断固としたテクストの意味も理解可能となります。それはこの問題が実に古代から問われ続けてきたことを私たちに教えてくれるでしょう。

この問題はタナイームの間で議論された。こういうバライタが存在する。「祝福を唱える者も、アーメンを唱える者も、いずれもその報償を受けることに変わりはないのだが、祝福を唱える者の方が最初に報償を受けるのである。」

《トーラー修学生と若者》

最後の問題が残っています。この平和的な競争の彼方にあるもの、あるいはその成功の条件です。勇敢さと放棄によって世界を贖うこと、善意と闘争によって世界を贖うこと、それに成功するためには、さらに高いところまで上ってゆく必要がありはしないでしょうか。ナジル人は祭司や英雄や社会改革者の召命にとどまっていてよいのでしょうか。

ユダヤ教において最も高い地位にある人物が登場するのはこの時です。それはタルミッド・ハハム、トーラーの修学生、トーラーを学び、それを実践に移す審判者です。トーラーの博士たちです。ここでもまた、マハルシャアの註解がおおいに私を助けてくれました。人間たちの間の暖かい思いやりよりもっと重要なもの、マハルシャアの言葉を借りて言えば（その言葉は実に美しい言葉です。私はそこから私なりの解釈を導き出すわけですけれども、含蓄の深さにおいて元の言葉にそれは遠く及びません）パンと口の間を取りもつ天使たちの創造よりもさらに重要なもの、それは人間たちを調停する審判者です。思い出して下さい。サムエルもサムソンも共に士師（裁き人）であったことを。サムソンが士師であったことを私たちは忘れがちです。私たちはこのひとのうちに街の門柱を引き抜いたり、驢馬の顎の骨でペリシテ人を打ちひしいだりする美丈夫の姿ばかりを見るきらいがありますが、このひとは士師であったのです。

聖書はこう述べています。彼は四〇年間イスラエルを裁いた、と。イスラエルで士師を務めるためには口伝律法に通暁していなくてはなりません。少なくともタルムードの賢者たちの眼からは、そう見えねばなりません。これらの賢者たちの眼からすると、時代の前後関係の意識的な混乱によって、タナイームや、アモライームやガオニーム[30]の行う後代の議論の中に、サムソンは参加しなくてはならないのです。いずれの場合でも、サムソンは、その霊において、その真理において、タルミッド・ハハムでなくてはならないのです。勇猛果敢な若者の姿の背後に、思いやりの深い若者の姿の背後には、トーラーを学び、裁きを行う若者の姿があるのです。

なぜ若者でなくてはならないのでしょう。なぜならテクストはこう書いているからです。「あなたの子供たちは、みな主の教えを受けるだろう。」イスラエルの民は主の子供たちです。若さが子供であることの条件です。子供の年がいくつであろうと、そんなことはどうでもよいのです！　若さとは永遠なるものに対する受容性の状態を指します。「《父》のコンプレックス」のちょうど正反対のものです。イスラエルの民とは若者の最たるもの、トーラー修学生なのです。トーラーを受け容れつつ、トーラーを刷新してゆく者たちのことなのです。

「あなたの子供たちは、みな主の教えを受け、あなたの子供たちには、豊かな平安がある」という『イザヤ書』（五四・13）からの引用のあとには、『ベラホット』と『イェバモット』では（そのいずれにおいても同一の聖句が引かれていますが）次のような記述が続きます。「『あなたの子供たち（バナイフ）』ではなく、この語は『あなたの建設者たち』（ボナイフ）を読まなければならない。[31]」つまり「あなたの建設者たちには、豊かな平安がある」ということになるわけです。建設しつつ教えを受けること。世界を建設的に刷新しつつ、平安をもたらすこと、これがナジル人の誓約を行った若者の意味であり、若者そのものの意味であるのです。

《すべての人生よりも古く、すべての若さよりも若く》

しかしそれだけにはとどまりません。もう一歩踏み込んでみれば、私たちは、この正義の律法（それはナジル人の誓約と近接しています）へのこだわりのうちに、サムソンとサムエルを典拠とするナジル人誓約の理念のうちに、そしてこれらをみんなまとめて結び合わせてしまうテクストの独特な構成のうちに、いかなる若さよりも若い若さの本質を見出すことになるでしょう。サムソンとサムエルは彼らの母の胎内に受胎されるより先に、すでに「聖別」されておりました。この二人のナジル人は彼らのナジル人誓約を自分の決断で開始したのではなく、神の命令と母親の誓いによって開始したのです。どちらでも同じことです！　要するに、彼らは自分たちの誕生に先んじてナジル人であり始めたのです。ここから次のような考え方が派生してきます。私としては、それはとても奇妙な考え方だと思いますし、以前、別の機会にこの大会でお話ししたこともありますが、それは「善」への愛着は「善」の選択に先んじる、という考え方です。しかし、これはもっともな考えです。そもそもどうやって「善」を選び取ることができましょう。「善」が善きものであるのは、まさしく、あなた方が善に眼を向けるよりもさきに、善があなた方を選び、善があなた方を抱き締めているからです。あきらかに、善はこうしてあなた方の自由に疑義を差しはさんでいるのです。けれども、たとえ自由であるからというだけでは、いかなるひとも良きものであることはできないとはいえ、誰も「善」の奴隷であるわけではありません。まさしく、私たちに「このようにせよ」と命令する他者が「善」であるがゆえに、他者は、その善性によって、自由以前の「自由」に対してふるわれた暴力を贖うのです。私たちはこうして、私たちが選択の年齢に達するよりさきに行われる聖別（ナジル人の誓約）の理念の何たるかを理解するにいたったのです。絶対的ナジル人は彼の生まれるより早くからナジル人であり、自分の人生よりも老いているのです。なんという奇妙な年のとり方でしょう！　けれども、こうして絶対的ナジル人は、その生涯を通じて、想像を絶した若さ、若さ以前の若さ、あらゆる老衰に先んじた若さのしるしを保つことになるのです。イスラエルの民はなんという自由な時間のとらえ方をするのでしょう！　ナジル人の誓約、それは始まりの若さではありません。それは前‐始原的な若さ、歴史の時間の中に入り込んでゆくより前の若さです。「この部族の子供たちは彼らの母親の胎内にいる時からすでに人口のうちに算入されていた」という一節が『民数記』三・15に関する『ミドラッシュ・タンフマ』[32]の中にあります。同じ一節は『ベレシット・ラッバー』[33]にも出て来ます。ここで話題になっているのはレビ族のことです。レビ族は祭司と、主に聖別された者を産みだす部族です。ここで問題になっているのは、世界の時間が始まるよりも前の絶対的な若さのことです。けれどもそれは決してレビ人とナジル人だけの若さではありません。それはイスラエルの若さなのです。

原注

（1） このテクストは「イスラエルの若者」（La Jeunesse d'Israël）というテーマで開催された学会で講演された。

（2） 「ユダヤ意識における青春と革命――資料と討論」（*Jeunesse et révolution dans la conscience juive : Donnes et débats*, P. U. F., 1972, pp. 230-242）を参照。

（3） 『困難な自由』（*Difficile Liberté*, 2e éd., p. 107〔拙訳、国文社、二〇〇八年、一三一―一三二頁〕）を参照。

訳注

〔1〕 ナズィール Nazir タルムード『婦人篇』（ナシーム）第四章。『民数記』六・1―21で扱われている「ナジル人」の誓願を主題とする。

〔2〕 ナジル人の誓願 le Nazirat 「ナジル人」（Nazir）は「斎戒の誓願を立てる」を意味する動詞「ナザル」の派生語で、「聖別された者」、「主に捧げられた者」を指す。『民数記』六にその守るべき戒律が記されている。サムソン、サムエルの他、バプテスマのヨハネもナジル人であったと言われている。

〔3〕 聖書の当該箇所の邦訳は「その頭には神の聖別があるからである。」ここで「聖別」と訳されているのは

「王冠、宝冠」を意味する「ネゼル」。レヴィナスはフランス語で「後光、背光、光輪」を意味する auréole の訳語を当てているので、それにしたがう。

〔4〕 アシャム Asham 邦訳では「一歳の雄の子羊を携えて来て、罪過のためのいけにえとする」（六・12）とある。この「罪過のためのいけにえ」が「アシャム」（原義は罪過、罪祭）である。

〔5〕 仮言的命令 impératif hypothétique カントの「定言的命令」（impératif catégorique）に対して「条件つき」の命令を指す。「仮言的」は日常語では「不確実な、憶測に基づいた、ランダムな」の意。律法の制定事由を探究することの可否については、こう言われている。「トーラーの教えにしたがえば、戒律の践行はいかなる場合でも戒律について有しうる知解に基づくものではない。（……）あるひとは戒律の動機を探究することは無用であるとさえ主張している」（I. Heinemann, *La loi dans la pensée juive*, Albin Michel, 1962, p. 19）。合理的根拠があるなら、ある律法条項の遵守に同意する、という「合理主義的」態度は、合理不合理の審判を下す自らの理性の権能そのものの正統性を遡及的に審問することがない。つまり「仮言的」命令は「条件」をつける主体の権能を「無条件」に前提するがゆえに暴力的たらざるをえない。レヴィナスが指摘しているのはこのことである。

〔6〕 ウラディミール・ジャンケレヴィッチ Vladimir Jankelevitch（1903-1986） フランスのユダヤ人哲学者。この大会の議長を務めており、開会の辞の中で次のように主題の設定を試みている。「私は、若者たちの中で生きてきました。それが私の職業でした。一日中、私は若者だけを眼にし、私がいるところでは、私がつねに最年長でした。（……）けれども、彼らは私が若さという神話をおおいに怪しんでいることを知っておりました。若さがいかがわしい神話であるのは彼らの罪ではありません。（……）若さが本質的に一つの神話――本質的にファシスト的な神話であり、左翼はそれをファシズムから継承したのですが――であるのはゆえなきことではありません」（*Jeunesse et révolution dans la conscience juive*, P. U. F., 1972, pp. 215-216）。ジャンケレヴ

イッチのこの「若さ」規定が会議の基調となって、以後の議論は展開する。

エリザベト・ド・フォントネ（Elizabeth de Fontenay）はパリ第一大学所属の美学研究者。彼女の発言も六八年の学生の叛乱、左翼の一部の反シオニズムへの傾斜を否定的に受けとめたものである。「どのような体制下で若者がおだてられるかは皆さんよくご存じのはずです。この種のスローガンが、広告やマルクーゼの書物やある種の左翼組織に再び出現するのを見る時の不安はいかばかりのものでしょう。（……）若さの称揚、始まりの祝聖、再生の告知、こういったものは歴史の有機論的観念と結びついています。このような主題は（……）つねに学術の頽廃と政治的後退の契機を示しているのです」（前掲書、p. 232）。

レヴィナスが五月革命をかなりネガティヴに評価していることは他のソースからも知られているが、「若者の叛乱」をファシズムに結びつけるジャンケレヴィッチやド・フォントネの発言を勘案すると、レヴィナスの反応が決して例外的なものではなかったことが知られる。

〔7〕 義人シメオン Siméon le Juste アレクサンダー大王時代の伝説的な大祭司。ラビ文献、フラヴィウス・ヨセフスの著書に言及されている。大王を迎えたという事蹟は歴史的には確証がないようである。

〔8〕 ピルケイ・アヴォット Pirké Avoth 単に「アヴォット」とも言う。「父たちの章」の意。『ネズィキン』の巻末に収録。古代の賢者の人生全般にわたる寸言を収めたもので、非ユダヤ人にもひろく知られている。

〔9〕 トサフィート Tosafithe 「トサフォット」（Tosafoth）はタルムードの註解の一部の呼称。タルムードの文典自体ではなく、ラシ（第三講、訳注4を参照）の学派の後継者が開祖の註解にさらに加えた註解を指す。「トサフィート」（英米的表記ではトサフィスト）はこの学派の意。

〔10〕 思惟の思惟 la pensée de la pensée アリストテレスにおいては運動の窮極原因（第一形相ないし神）は純粋形相であって、自己以外に思惟の対象を持たない。これが「思惟の思惟」である。「神的な理性はそれ自らを思惟する。（いやしくも最も優越的なものであるからには、）言いかえれば、その思惟は思惟の思惟であ

る」(『形而上学』一二巻九章、出隆訳、岩波書店刊、アリストテレス全集12)。またヘーゲルの『エンチクロペディー』の最終章はアリストテレスの『形而上学』一二巻七章からの引用を以て終わる。

至福至善の観想(テオリア)は思惟するものと思惟されるものが同一である状態をいう、とするアリストテレスから、ロゴスが自己の否定を媒介として自己に還帰する「完結した円」として哲学を記述するヘーゲルにいたるまで、西欧形而上学の根源的趨勢をレヴィナスは水面に映る自分の姿に見惚れるナルキッソスの喩えに託して示そうとしている。

(11) ラビ・ネホライ Rabbi Nehorai 紀元二世紀頃のタンナ。ハラハーに関する学識の光(ネホライ)を以て僚友の蒙を啓いたのでこの名がある。

(12) ラビ・ヨッシ Rabbi Yossi (Yose, Issi b. Akavyah) 紀元二世紀頃のタンナ。

(13) 「モラー」と表記している語をアルファベットで近似的に表記し直せば morah(「かみそり」)。語末の h「ヘー」を a「アレフ」に置換すると moraa(「恐怖」)となり、音は変わらない。このように同一語根からの派生語を相互に参照することによって語の重層的な意味の相を開いていく方法もタルムードの論証法の一つである。

(14) マハルシャア Maharsha (Edels, Samuel Eliezer Ben Judah ha Levy) (1555-1631) ポーランドの律法学者。そのタルムード註解はラシの流れを汲むものとされ、ほとんどすべての版のタルムードに収録されていて、註解の古典的なレフェレランスの一つとなっている。

(15) ウッラー Ullah (Ulla b. Ishmael) 紀元三、四世紀のパレスチナのアモーラ。

(16) ラバー Rabah (Rabbah b. Nahamani) (270-303?) バビロニアのアモーラ。プンベィデタムの学院長。大祭司エリの血統を引く名門の出。儀礼上の清浄にかかわる規定の権威であり、その卓越した弁証の才ゆえに「山を根こそぎにする人」(オケル・ハリーム)と称された。

(17) ラビ・ヨハナン　Rabbi Yohanan（Johanan b. Nappaha）（180-279）　パレスチナのアモーラ。その教えは『エルサレム・タルムード』の重要部分を占める。ユダ・ハナシーについて学び、師は彼がイスラエルの指導的な学者になるだろうと予言した。サーカスの動物使いをしていたレシュ・ラキシュを義弟に迎え、二人でタルムードのほとんど全域におよぶ無数の決疑と解説を行い、またティベリアに学院を開き、多くの英才を世に送った。

(18) ラヴ　Rav（Rab）　紀元三世紀のバビロニアの代表的なアモーラ。スーラの学院の創設者。本名はアッバ・ベン・アイヴ（Abba b. Aivu）だが、「全ディアスポラの師（ラヴ）」のゆえにこの名で呼ばれる。

(19) ヒヤ　Hiya（Hiyya b. Rab）　紀元三世紀のバビロニアのアモーラ。

(20) ベラホット　Berakhoth　タルムード『種子篇』（ゼライーム）第一章。祝禱にかかわる議論を収める。

(21) イェヴァモット　Yevamoth　タルムード『婦人篇』（ナシーム）第一章。『申命記』二五章のレビレト婚を主題とする。

(22) ハラハー　Halakha　「ハラフ」（歩く）の派生語。聖書の律法にかかわるラビたちの註解を指す。ユダヤ教徒の正しい「歩き方」すなわち「掟、規範」を意味する。

(23) アガダー　Haggada（Aggada）　ハラハーに対して法規的性格を持たないラビ文献を指す。説話、格言の形をとる。

(24) ラビ・エレアザル　Rabbi Eléazar（Lazar b. Pedat）（？-279）　アモーラ。サムエル、ラヴ、ハニナについて学ぶ。多くの教えをハニナの名において語った。レシュ・ラキシュの死後、ヨハナンにティベリアの学院の指導を託された。

(25) ラビ・ハニナ　Rabbi Hanina（Hanina b. Hama）　紀元三世紀頃のパレスチナのラビ。タナイームとアモライームを中継する世代に属する。ユダ・ハナシーに学び、その死後その学院を継いだ。

〔26〕 ラヴ・フナ Rav Houna（Huna）（216-297） バビロニアの指導的アモーラ。バビロニア・タルムードの柱の一人。ラヴの弟子であり、師の名においてその教えを伝えた。師の死後、スーラの学院長に指名され、四〇年間その職にあり、彼以後のアモライーム世代に決定的な影響を及ぼした。

〔27〕 バライタ Baraïtha 現行のミシュナーは紀元三世紀頃に、それまでの律法博士たち（タナイーム）の律法註解を（主としてラビ・アキバとラビ・メイルのものを基本に）ラビ・ユダ・ハナシーが撰録したものである。この撰に洩れたものをバライタと称する。原義はアラム語で「除外されたもの」。タルムードの全篇にラビたちの論拠として引かれ、ミシュナーに準ずる権威を有する。

〔28〕 ミドラッシュ Midrach ラビ文献の一分野。聖書釈義、説話。ミドラッシュは「探究、検証」を意味する動詞「ダラシュ」から派生する。聖書では『歴代志・下』一三・22、二四・27にこの語が見出される。邦訳では「注解」、七十人訳では「ビブロス」（書物）「グラフィ」（書かれたもの）の訳が当てられている。アモライームの著作から一二世紀頃の著作までをも含む。

〔29〕 邦訳では「あなたが食べて満ち足りたとき、（……）主をほめたたえなければならない。」原典は「食べる」「満足する」「祝福する」の三つの動詞の未完了形が並んでいる。レヴィナスの訳はこれを踏まえている。

〔30〕 ガオニーム Gaonim 紀元六―一一世紀のバビロニアに存在したユダヤ教学院の校長の称号（ガオン）の複数形。タナイーム、アモライームに続く学者群の総称。

〔31〕 「バナイフ」（banaich）は「子供たち」（バニーム）に二人称単数女性の人称接尾辞を付したもので「あなた（主の配偶者であるイスラエル）の子供たち」の意。「ボナイフ」（bonaich）は「建設する」（バナー）の派生語「建設者」（バナイーム）に同じ人称接尾辞を付したもの。聖書本文には母音を示すニクダ（母音記号）が付されていないため、どう発音するかは口伝によって定められる。

〔32〕 ミドラッシュ・タンフマ le Midrach Tanhouma タンフマ・バル・アッバ（Tanhuma bar Abba, 紀元

四世紀頃のパレスチナのアモーラ）の作とされるミドラッシュ。

〔33〕 ベレシット・ラバー　Berechith Rabba　パレスチナのアモーラの著述になる『創世記』の註解書。

第三講　脱神聖化と脱呪術化

「サン・ヘドリン」67a—68b〔1〕

【ミシュナー】

「誘惑者」とは「行って、星々の崇拝に身を委ねよう」と言う者のことである。呪術師がわざを行った場合には制裁を受ける。しかし幻覚を見せただけの場合は制裁を免ぜられる。ラビ・アキバはラビ・イェホシュアの名においてこう言った。「二人の人が胡瓜を摘んでいた。二人のうちの一人は制裁を受け、一人は罪を許された。わざを行った者は制裁を受け、幻覚を見せた者は許されたのである。」

【ゲマラー】

「誘惑者」。ラビ・イェフダはラヴの名においてこう言った。「ここでは不信心な街での誘惑者のことが語られている」(『申命記』一三・14を参照)。

「呪術師がわざを行った場合には……云々」というところについて、こう述べているバライタがある。男であれ女であれ「呪術を使う女」という言葉でそれを指す。というのは、女のほとんどは呪術を使うからである。

どのようにして彼らを処刑すべきであろうか。

ガリラヤ人ラビ・ヨッシはこう言った。「聖書にはこう書かれている(『出エジプト記』二二・18)。『呪術を行う女は生かしておいてはならない。』またこうも書かれている(『申命記』二〇・16)。『息のある者を一人も生かしておいてはならない。』この場合に剣を用いるように、剣を用いるのである。」

ラビ・アキバは言った。「聖書にはこう書かれている(『出エジプト記』二二・18)。『呪術を使う女は生かしておいてはならない。』またこうも書かれている。『それは石で打ち殺されねばならない。(……)獣もひとも、生きてはいないであろう。』この場合に石撃ちの刑に処したように、石撃ちの刑に処するのである。」

ラビ・ヨッシは答えて言った。「私は用語の類似性に基づいて論を進めている。すなわちいずれの場合も『生かしておいてはならない』という語が用いられているのである。しかるにあなたは、『生かしておいてはならない』という語と『生きてはいないであろう』という異なる用語に基づいている。」

ラビ・アキバは答えた。「私はイスラエル人の中のイスラエル人について論を進めている。さてイスラエル人について聖書はさまざまな死の形態を定めている。あなたは偶像崇拝のイスラエル人について論を進めているが、聖書はそのような者についてはただ一つの死の形態をしか定めていない。」

ベン・アザイは言った。「聖書にはこう書かれている。『呪術を使う女は生かしておいてはならない』(『出エジプト記』二二・18)。そして、そのすぐあとにはこう書かれている。『獣と通じた者はすべて殺されねばならない』(『出エジプト記』二二・19)。この二つのことがらは続けて述べられている。さて、獣と通じた者は石撃ちにされねばならない。よって、呪術師もまた石撃ちにされるのである。」

ラビ・イェフダはこう答えた。「その二つのことが続けて述べられている。だから呪術を使う女は石撃ちの刑に処されるのだ、というのは推論として正しいであろうか。本当の理由は以下のごとくである。オヴとイドニ(一人は死者を呼び出す者、一人は呪詛を行う者である)は呪術師に属する者たちである。なぜ彼らは別々に言及されているのであろうか(『申命記』一八・10)。それは類似性によって推論するためである。オヴとイドニが石撃ちの刑にされるのであるから(『レビ記』二〇・27)、他の呪術師もそれに準じるのである。」

だが、ラビ・イェフダに対してはこういう反論が可能である。「オヴとイドニに対しては、二つの聖句が同じことを私たちに教えている。しかるに、同じことを教えている二つの聖句からは、私たちは何も推論することができない。」ラビ・ゼカリアは答えた。「まさしくラビ・イェフダによるならば、同じことを語っている二つの聖句は教えをもたらすものであることを、これは示している。」（……）

ラビ・ヨハナンは言った。「なぜそれはクシャフィーム（呪術師たち）と呼ばれるのであろうか。それは呪術師たちが天の集まり（メヒシン・ファマリア・シェル・マアラ）に異議を唱えるからである。『主だけが神であって、他には神はない』（『申命記』四・35）。」

ラビ・ハニナは言った。「まさしく呪術師たちについてもそうである。」ラビ・ハニナの足もとから埃を集めようとした女がいた。ラビは静かにその女に言った。「もしおまえにできるのなら、そうすればいい。」というのはこう書かれているからだ。「他には神はない」（『申命記』四・35）。どうしてこういうことが可能であるのだろうか。ラビ・ヨハナンはこう言わなかっただろうか。「なぜそれはクシャフィームと呼ばれるのであろうか。それは呪術師たちが天の集まりに異議を唱えるからである」と。ラビ・ハニナは別の考え方をするが、それは彼が有徳のひとだったからである。

ラビ・アイブ・バル・ナガリはラビ・ヒヤ・バル・アッバの名においてこう言った。「ラテヘムによってなされた魔術的な行為は悪魔の仕業である。ラハテヘムによってなされた魔術的な行為は呪術師の仕業である（『出エジプト記』七・22を参照）。こう書かれてはいないだろうか。『輪を描いて回る剣の刃（ラハト・ハハレヴ・ハミトハペフェット）』（『創世記』三・24）」

アバイェは言った。「呪術師が厳密にある材料だけにこだわる場合、魔術は悪魔によって行われる。そうでない場合は呪術師による。」

アバイェは言った。「呪術に関するハラハーは安息日に関するハラハーに似ている。石撃ちの刑に相当する行為がある。罰せられないけれども、禁止されている行為がある。はじめから許可されている行為がある。ある行為を実行した者は石撃ちの刑にされる。幻覚を見せた者は罰されないけれども、禁止された行為を犯したことにちがいはない。はじめから許可されている行為がある。ラビ・ハニナやラビ・ウシァがしたような行為である。彼らは安息日の前日はいつも創造に関する律法を学んだ。そして三分の一しか育っていない仔牛を創造し、それを食べた。」

ラビ・アシは語った。「私はかつてカルナの父親が鼻をかみ、鼻の穴から絹の布を出すのを見た。」

その時魔術師たちはパロに言った。「これは神の指です」（『出エジプト記』八・19）。ラビ・エリエゼルは言った。「このことから、悪魔は大麦の粒よりも大きいものを創造することはできないことを私たちは知りうるのである。」

ラヴ・パパは言った。「神かけて申し上げるが、悪魔はらくだよりも大きいものを創造することはできない。しかし小さなものを集めてみせることはできる。そして大麦の粒より小さいものは全く作ることができない。」

ラヴはラビ・ヒヤにこう物語った。「私はある日、一人のアラビア人が一頭のらくだを剣で切断するのを見た。そして、その前で彼が太鼓を打ち鳴らすと、らくだは生き返ったのである。」ラビ・ヒヤは答えた。「あなたはそのわざのあとに、血と糞を見たか。それは幻覚である。」

ゼイリはある日エジプトのアレクサンドリアへ行った。そして一頭の驢馬を買った。彼がその驢馬に水を飲ませようとしたら、魔術が解けて、そこには梯子段が残されていた。売り手たちは彼にこう言った。「もしあなたがゼイリでなかったら、お金は返さないところだ。というのは、ここでは買い物をする前に水をつけて確かめない者は一人もいないからだ。」

ある日、ヤンナイは旅籠に行って飲み水を注文した。一人の女が彼にシェティタを差し出した時、彼は女の唇が動くのに気づいた。彼は水を少し地面にこぼした。それは蠍であった。そこで彼は女に言った。「私があなたの飲み物を飲んだのだから、今度はあなたが私の飲み物を飲む番だ。」女がそれを飲むと、女は驢馬になってしまった。彼は驢馬にまたがると、通りに出ていった。そこで女の友人が魔術を解くと、そこには一人の女に馬乗りになっているヤンナイの姿が現われた。

「蛙が這い上がってきて、エジプトの地を覆った」（『出エジプト記』八・2）。ラビ・エラザルは言った。「蛙は一匹しかいなかったのだが、繁殖してエジプト全土を覆ったのだ。」これはつとにタナイームたちの間で議論されたことであった。ラビ・アキバは言った。「エジプト全土を覆い尽くしたのはただ一匹の蛙である。」ラビ・エリエゼル・ベン・アザリアは答えた。「アキバ、アキバ、どうして君はアガダーに口をさしはさむのだ。口をつぐみたまえ。そして癩病と天幕のことに頭を使いたまえ。はじめは一匹の蛙しかいなかった。しかしそれが鳴き寄せたので、他の蛙もやって来たのである。」

ラビ・アキバは言った。云々。

しかしそのことをラビ・アキバに教えたのはラビ・イェホシュアではなかったろうか。さて我々にはこういうトセフタがある。ラビ・エリエゼルが病気になった時、ラビ・アキバとその一行が彼のもとを訪れた。ラビ・エリエゼルはアルコーヴに臥し、残りの者たちは控えの間にいた。その日は安息日の前日であった。彼の息子のヒュルケノトが彼のテフィリンを外すために入ってきた。ラビ・エリエゼルは彼に腹を立て、息子は父の剣幕に気押されて出ていった。そこで彼はかたわらの人々に言った。「父は理性を失っているようだ。」するとラビ・エリエゼルは答えた。「理性を失っているのは息子と母親である。彼らは石撃ちの刑に相当する禁忌を意に介さず、厳粛な日にふさわしからぬ瑣末なことに気を取られている。」律法の博士たちは彼の理性が平明なのを知って、部屋の中に入り、四クデ離れたところに腰かけた。

ラビ・エリエゼルは彼らに言った。「なぜ、君たちは来たのか。」彼らは答えた。「トーラーを学ぶためです。」

ラビ・エリエゼルは言った。「ではなぜ今まで君たちは来なかったのか。」彼らは答えた。「私たちには時間がなかったのです。」ラビ・エリエゼルは言った。「君たちが天寿をまっとうしたら私は驚くであろう。」ラビ・アキバは言った。「私もですか。」

ラビ・エリエゼルは答えた。「君の運命は他の人たちの運命より一層苛酷なものになるだろう。」ラビ・エリエゼルはラビ・アキバの心臓の上に二本の腕を置いて言った。「君たちに禍あれ。私の二本の腕は閉じられたトーラーの二本の巻き物に似ている。私はトーラーをおおいに学び、それについて多くを教えた。私はトーラーから多くを学んだが、私が私の師たちのもとで学んだものは、一匹の犬が海の水をなめたほどわずかなものに過ぎない。私は大いにトーラーを教えたが、私の弟子たちは一本の筆の先が絵の具の壺から吸い上げるほどしか学ばなかった。それどころではない。私は白癩病について三百の教えを伝えたが、それを私に尋ねた者は一人もいなかった。私はまた胡瓜の植え付け方について三百の教えを（三千の教えと言う説もある）伝えたが、ヨセフの息子アキバの他には誰もそれについて教えを乞うた者はいなかった。ある日、私たちが歩いていると、彼が私に言った。『先生、私に胡瓜の植え付け方を教えて下さい。』私がひとこと言うと、畑は胡瓜で一杯になった。彼は私に言った。『先生、先生は私に胡瓜の植え付け方を教えて下さいました。今度は胡瓜の引き抜き方を教えて下さい。』私がひとこと言うと、胡瓜は一箇所に積み上げられた。」

そこで彼らは（「彼ら」というのはラビ・エリエゼルのところを訪れた賢者たちのことである）言った。「球、型、護符、真珠の入った皮袋、小さな重しについての教えはどうなっているのですか。」ラビは答えた。「それらは不浄であるので、しかるべく清められねばならない。」

「では、靴型の上にある靴についての教えはどうですか。」すると、ラビは答えた。「それは清いものである。」そしてこの「清い」という言葉を口にしながら、ラビの魂は清浄のうちに脱していった。

ラビ・イェホシュアは立って言った。「禁令は解かれた、禁令は解かれた！」

安息日が終わると、ラビ・アキバはカエサリヤからルドに通じる道の途中でラビ・エリエゼルの棺に出会った。彼は自分の胸を血がにじむまで叩いた。葬儀に参列する人々の列の前で、彼は言った。「わが父、わが父、イスラエルの戦車と騎兵たち！　私はたくさんの貨幣を持っているけれども、それを両替してくれる者が誰もいない。」

アキバがそれを学んだのは、だからラビ・エリエゼルからだったのである。ラビ・エリエゼルは確かに彼にそれを教えたのだが、理解させはしなかった。それゆえ改めて彼はそれをラビ・イェホシュアのもとで学び、彼がそれを理解させたのであった。

しかし、なぜ彼はそのようになしえたのであろう。私たちはこう学んだのではなかったろうか。「魔術を使う者は制裁を受けなくてはならない」と。それを教える場合はこの限りではないのである。というのも、「師」はこう言っておられるからだ（『申命記』一八・9）。「あなたはその異邦の民の忌みきらうべきならわしを学んではならない。」あなたはそれをなす術を学んではならないのだが、それを理解し、それを教えるためには学ばなくてはならないのである。

《神聖なるものと聖潔なるもの》

海に泡があるように、地にも泡がある。（シェークスピア『マクベス』第一幕、第三場）

私がこれから註解しなければならないテクストを前にして、私にその能力が欠けていることをくどくは申し上げません。フランスにおいてユダヤ人意識の覚醒はめざましいものがあります。そう私は心底から思います。ユダヤ思想はいたるところで教えられております。であればこそ、皆さんの前でタルムードを註解するというような高度な仕事が、私にとって一層荷の重いものと感じられることにもなるわけです。私がこの仕事を引き受けているのは単にそういうしきたりになっているからに過ぎません。過去一二回の大会でずっとやってきたんだから、今度もおやりなさいということで、やむなく引き受けている次第です。ですから皆さんには是非ともご寛容なお気持で私の話を聞いて頂きたいと思います。

ご承知のとおり、私は神聖なるものにかかわるタルムードのすべてのテクストを研究してきたわけではありません。しかもさらに重大なことは、私が選んだテクストそのものの中でも神聖なるものは論じられていないように思われることです。私たちの前にありますテクストは、翻訳のせいでいささか表現は遠回しになっていますが、それでもきわめて奇怪なものであります。本日の大会の議長をお引き受け頂きましたバルク教授〔2〕が私の註解のしかたをご容赦下さるかどうか危ぶまれます。大会には大会の習慣がございますし、聴衆の皆さんは皆さんなりの習慣をお持ちです。他の方々が私の註解を聞いて気を悪くされないことを願っております。

ミシュナーには神聖なるもの（le sacré）について何も語っておりません。しかしこのテクストを研究しているうちに、（学ばれるテクストのすべてがそうであるように、このテクストもタルムードの最良のテクストですが）私は本日のテーマに実にふさわしい考えへと導かれていったのです。

聖性（la sainteté）（すなわち分離あるいは清浄、まじりけのない本質。「霊」と呼ぶこともできますが、それがユダヤ教の原動力、あるいはユダヤ教の究極の目標なのです）は脱神聖化されていない世界にとどまりうるのだろうか、と私はつねづね考えてきました。（ここにこそ問題の核心が存すると思うのですが）世界はこのような清浄性を迎え容れるほどに脱神聖化されている（désacralisé）のだろうか、と。といいますのは、神聖なるものとは、ユダヤ教が恐れてやまない呪術（la sorcellerie）の跋扈する薄明の境域でもあるからです。「反対側」、「現実界」の裏側、裏面、「神秘」のうちに凝縮された「無」、事物のうちにおける「虚無」の泡沫（日常的な事物の「何くわぬ顔」）である「神聖なるもの」は魔力のうちの魔力によって身を飾っているのです。「啓示」はこの悪しき秘密を拒みます。『サンヘドリン』の67ａ—68ａの頁の主題は、この拒否です。このテクストは呪術の定義を通じて（定義はいくつか示されます）「神聖なるもの」（le Sacré）と「聖潔なるもの」（le Saint）を峻別することを可能たらしめるのです。この大会の席で今日の午前中に、神聖なるものの現代世界における頽廃を熱心に告発したり、あるいは嘆いたりする人々によって言及されましたとおり、「神聖なるもの」と「聖潔なるもの」は形式的あるいは構造的に近似しておりますが、その近似を超えたところで両者を峻別すること、それが問題になっているのです。

呪術は、神聖なるものの姉妹とは言わぬまでも、従姉妹ぐらいの関係にあります。いささか身をもち崩した親族の一人ではありますが、家族の中では、兄弟との関係を利用して一番いい待遇を受けています。見た眼の限りでは、呪術が女主人です。

本当に脱神聖化された社会とは、ですから、呪術というこの不浄な術策が活動を停止した社会のことです。呪術はいたるところに入り込み、「神聖なるもの」を疎外するというよりはむしろ活性化しているからです。ですから、真の脱神聖化というものがもしあるとするならば、それはまさしく真なるものとみせかけを峻別すること、こう言ってよろしければ、真なるものと、真なるもののうちに本質的に入り混じっているみせかけを峻別することになるでしょう。このような見通しのもとに眺めた時に（私はそれ以外のアプローチを採用したくはありません）註解すべきテクストは今大会のテーマに接近してくるものと思われます。

《呪術とご利益》

ミシュナーの最初の一節は論じません。以下に続く部分で議論が深められるものではなく、私たちの問題ともかかわりがないからです。その次のところから読み始めることにしましょう。

> 呪術師は、わざを行った場合には制裁を受ける。

呪術の執行が、めくらましのような単なる戯れにとどまらず、それ以上の目的を持った活動の水準にまで進んだ場合、それは制裁の対象になります。

しかし幻覚を見せただけの場合は制裁を免ぜられる。ラビ・アキバ〔3〕はラビ・イェホシュア〔4〕の名においてこう言った。「二人の人が胡瓜を摘んでいた。二人のうちの一人は制裁を受け、一人は罪を許された。わざを行ったものは制裁を受け、幻覚を見せた者は許されたのである。」

ミシュナー、それはゲマラーが喚起する問題の増幅を経由し、もともとの問いから派生する新しい問いを経由し、それが語る意味のうちに出現するはじめには語られていない意味を経由して、はじめてその意味の全容をあきらかにするのですが、そのミシュナーはここで、幻覚をもたらす呪術と利益をもたらす呪術を区別しています。ここで引かれている例によれば、問題になっているのはあまり欲張りではない呪術師です。非常に高価なものを出してみせるわけではありません。畑に胡瓜を出してみせようというささか貧乏くさい呪術師です。胡瓜の幻覚を見せたくらいのことでは別にどうということもありません。しかしもし呪術師がその胡瓜を「摘んだ」となると、幻覚が経済的なプロセスに入り込んでゆくとなると、どうでしょう。現代の経済過程は結局この幻想的な胡瓜の収穫とそれに付加される巨大な利益の特権的な場に他ならないわけですが、この場合には呪術は犯罪的なものになります。そのような呪術は制裁の対象となるのです。それはいかなる制裁でしょう。こう問うのも、その問いが私たちの法曹的好奇心にとって重要だからではありません。呪術とそれが属す種属の形而上学的ランクの決定にとって重要なのです。それがあきらかにされるのは、制裁の本性によってではなく、タルムードがどのようなしかたでそれを決定してゆくのか、その手続きにおいてであります。それを見てみましょう。

《どうして呪術師なのか？》

まずゲマラーから取りかかりましょう。最初の節は私たちの主題に関係のないミシュナーの断片にかかわるものですので飛ばします。その続きを読んでみましょう。

呪術師がわざを行った場合には云々。こう述べているバライタがある。男であれ、女であれ「呪術を使う女」(sorcière) という言葉でそれを指す。というのは、女のほとんどは呪術を使うからである。

呪術に耽るひとを断罪した聖書の聖句の中では、そのひとは「呪術を使う女」と呼ばれています(『出エジプト記』二二・18[5])このゲマラーのテクストをそのまま文字通りに受け取るわけにはゆきません。サラもリベカもラケルもレアもルツもバテシェバも、誰一人呪術などに耽ったりはしていないからです。聖書の女性たちの威厳に不安をお持ちになる必要はありません。女性そのものの威厳についてもご懸念には及びません。

しかし男たちが社会を支配しているところではどこであれ、ある種のあいまいさが女性の人間性につきまとっていることは事実です。女性は男性よりもセクシュアリテとエロティスムについてはずっと喚起力があります。というのも女性の人間性は、あるあいまいさのうちで、あるいは謎のうちでと申し上げましょうか、高尚なるものと深いもの、羞恥と猥褻によって、不思議なしかたで重層化されているからです。なるほど、このような男性支配は純粋に偶有的なものなのだろうか、と自問することもできます。かりに男性が性差以上に意味のある普遍性の形式を設定し、性的なものを抑圧しないような中性的人間性を定義したとしても、たとえ女性が解放され、男性と全く同じ権利を持ちうるとしても、女性はそのような社会には参加しようとはしないのではないか、と考えてみることも可能です。しかしこのような「もしも」の問いは置いておきましょう。私たちの社会では、どんなに進歩的な女性でも、女性は化粧をして歩き回っています。この場合には、外見は存在と等価であることがはっきりと意識されているのです。「仕事の集まり」は女性が女性として参加を認められるような集まりとは別物です。女性がいる場は不可能なものが生じ、そこでは語られたことが、自分を語りながら自分を否認します。「幻覚」が（つまり暗喩、婉曲語法、曲言法が）「現実」と入り混じるのです。それが魅惑なのです。

魅惑、あるいは「意味」の潜勢的な地すべり、裏表の誕生、思っていることの逆を口にする表現。顔の優雅は、マクベスやファウストの魔女の棲み家ではすでに恐ろしいひきつりに変質しています。そこでは言葉は、同一的な意味を維持することができず、あいまいなほのめかしや、意味のない押韻や、冷笑や、語られざることのうちに消滅してゆきます。

呪術の魅惑は、まさしくこの女性的なるもののある種の頽落（すべて、ものの本来態はそれに固有の頽落態に対して有責であるのですが）に基づいて機能するのです。真なるものの中心部におけるみせかけ、みせかけのとらえ難い豊かさによる真なるものの壊乱、そして真ならざるものが、その非現実性ゆえに、超現実の痕跡として迎え入れられること、これが呪術の魅惑です。あいまいなるものが謎として感知されるのです。そして「神聖なるもの」の法悦として感取されたこの「がらくた」のうちにおいて、律法は失効するのです。

呪術を使う女は生かしておいてはなりません！　しかし、私たちは呪術師にふさわしい刑罰は何であるかを論じた議論のうちに、今朝ほどエミール・トゥアテイと彼と質疑応答を交わした方たちが言及した、「神聖なるもの」の態様の多様性を見出すことになるでしょう。[6]もちろんそのためにはテクストに働きかけ、テクストに刺激を与えなければなりません。しかも、この刺激を励起するのはテクスト自体なのです。それなしではテクストは無言のままにとどまるか、場違いなことを語るだけでしょう。

《呪術の本質》

どのようにして彼らを処刑すべきであろうか。

ガリラヤ人ラビ・ヨッシはこう言った。「聖書にはこう書かれている（『出エジプト記』二二・18）。『呪術を行う女は生かしていてはならない。』またこうも書かれている（『申命記』二〇・16）。『息のある者を一人も生かしておいてはならない。』この場合に剣を用いるように、剣を用いるのである。」

『申命記』と『出エジプト記』には確かに「生かしておいてはならない」という同一の表現があります。表現の同一性から処刑方法の同一性が導かれるのです。さて、トーラーの法条文のうちに、律法博士たちは四種類の死刑の方法を定めています。石撃ちの刑、火刑、斬殺刑、絞殺刑の四種類です。心優しい人々はこういう話を耳にするのを耐え難く思われることでしょうが、ご容赦下さい。いずれにせよ、死刑はほとんど執行されたことがなかったのです。あるサンヘドリンは七年間に一度だけ被告に死刑判決を下しただけで「災厄のサンヘドリン」とあだ名されてしまったと『マコット』(7a)[7]は語っております。ラビ・エリエゼル・ベン・アザリヤは言いました。「かりにこのサンヘドリンが七〇年に一度だけ死刑判決を下したとしても、やはりそう呼ばれたことだろう。」ラビ・タルフォンとラビ・アキバはこう言っております。「私たちがサンヘドリンに席を占めていた間には誰一人死刑にはならなかった。」[8][9]

それでもやはり死に相当する過ちというものは存在するわけですから、処刑方法が同一であることを論拠にして、それらの過ちに共通性があるとみなし、それらの行為に内在する本質的な意味を取り出すことも可能となります。ガリラヤ人ラビ・ヨッシは呪術師は剣によって滅ぼされねばならないと語りました。なぜでしょう。といいますのは、『申命記』の中の「生かしておいてはならない」という規定は「その忌まわしい行為ゆえに大地から吐き出された」カナン人のあの聖絶にかかわるものであるからです。ここにおいては道徳的霊感の方が歴史的証言よりも確実なものと思われます。これらの残忍な行為(石撃ちの刑、火刑、斬殺刑、絞殺刑)はですから、これから以降は「善」と「悪」を対立させ、「善」と「悪」を識別する時の示差性の維持にとって必要な語にしか過ぎません。示差性は「すべてを含む」、「すべてを赦す」といった口先だけ調子が良く、信仰心篤そうな感じのする言葉遣いのうちにかき消えてはなりません。そんな言葉は厳密には何も言っていないに等しいのですから。それゆえにガリラヤ人ラビ・ヨッシによれば、呪術師は剣によって死刑に処されねばならなかったのです。おそらくそうなのです。さらに重要なのは、この博士が呪術はいかなるカテゴリーに属すと考えていたか、です。さて、私たちの意見では呪術は「神聖なるもの」から発生します。呪術はおそらく背徳的な諸部族の文明に属していたものと思われます（歴史学的に見て彼らが本当に背徳的だったかどうか、ということはさしあたりどうでもよいことです。私はただテクストが望むままに与えられた資料を前にして、それが何を意味するのか探ろうとしているだけなのです）。とにかくこの諸部族は大地が彼らを吐き出すくらいに背徳的であった、ということにして話を進めることに致します。であれば、呪術は背徳の現象、ユダヤ教そのものと全く相容れない現象であることになります。それは他の人々にとっての神聖なるものであったのです！

ラビ・アキバは言った。「聖書にはこう書かれている（『出エジプト記』二二・18)。『呪術を行う女は生かしておいてはならない。』またこうも書かれている（『出エジプト記』一九・13)。『それは石で撃ち殺されねばならない。（……）獣もひとも、生きてはいないであろう。』この場合に石撃ちの刑に処したように、石撃ちの刑に処するのである。」

あの温和なラビ・アキバ、サンヘドリンで一度も死刑宣告を下さなかったラビ・アキバがこう言っているのです！　本質的な問題はですから彼が二つのテクストを結びつけた、そのやり方にあります。ある精神的な風景を別の風景に向けて押し広げること、ある眺望によって別の眺望を照らし出すこと、これです。『出エジプト記』一九・13では、シナイ山の山麓に集まって、啓示が下される間そこにとどまるようにいわれたのに逆らって、境界を越えそうになったイスラエル人は石撃ちの刑によって威嚇されます。

『出エジプト記』二二・18で、呪術を使う女について用いられている表現、「生かしておいてはならない」は、石撃ちの刑にされると威嚇されながらシナイ山麓に集まってきたイスラエル人の軽はずみさにかかわる「生きてはいないであろう」という表現と似ています。だから呪術師もまた石撃ち刑に処せられるべきである、というのがラビ・アキバの論法です。ラビ・アキバは呪術師に対して、ラビ・ヨッシが要求したより以上に苛酷な刑罰を要求したことになります。あの温和なラビ・アキバが！　しかしこのテクストの関連づけには深い意味がありそうです。これによって私たちは呪術を営利目的に用いることについての二つめの解釈に導かれます。今回はことは異邦人にかかわるのではありません。啓示を受けるために呼び集められた民の誘惑にかかわるのです。呪術とは自分が見ることのできるもの以上のものを見ることです。真理に接近する時に守らなければならない境界を越えて、境界線を踏み越え、節度をわきまえずに奥へ奥へと踏み込んでゆくこと、これが呪術です。これは自分の女主人よりもよくものを見る小間使いのようなものです。あるミドラシュにこういう話がありま す。かつて自分が仕えている王女よりも王様をちゃんと見たことを自慢にしている小間使いがおりました。王女は王様の前では小間使いに手をとられたまま眼を伏せていたからです。しかし王女はその「見ないこと」によって、王様をまじまじと見つめた小間使いよりも王様の威光の間近にいたのです。眼を伏せているべき時にじろじろ眼を上げるこの好奇心、神を前にした時の無遠慮、神秘に対する鈍感さ、それに近づく時にはじらいが求められているものの上に投射される光、ある種の「フロイト主義」、おそらくまた、そのような教育に不可欠の驚嘆すべき言語を考慮しないままに行われているある種の性教育、そして性生活そのもののある種の形態、そしておそらく「万人のための学問」というある種の要求、こういったものが呪術と言われているのです。

さて、ここから議論が始まります。

ラビ・ヨッシは言った。「私は用語の類似性に基づいて論を進めている。すなわち、いずれの場合も『生かしておいてはならない』という語が用いられている。しかるにあなたは『生かしておいてはならない』と『生きてはいないであろう』という異なる用語に基づいている。」

確かにラビ・アキバが引いている二つのテクストの間には厳密な類似性はありません。

ラビ・アキバは答えた。「私はイスラエル人の中のイスラエル人について論を進めている。さてイスラエル人について聖書はさまざまな死の形態を定めている。あなたは偶像崇拝のイスラエル人について論を進めているが、聖書はそのような者についてはただ一つの死の形態をしか定めていない。」

ラビ・アキバはここで、彼の論議の意味は呪術を異教的背徳としては把握しないことをまさしく主眼としていることを認めています。彼の念頭にあるのは異教徒のではなく、聖なる民そのものの背徳なのです。呪術は悪しき影響から派生するのではありません。呪術とは知それ自体の無節度、真理経験として受容しうる限界を越えたもの、かかる受容不能の真理経験から結果し、真理の基底そのものを試みる幻想です。ユダヤ的背徳とはですから真理の高みに達しうる能力を持つすべての者たち、シナイの山麓に集まったすべての者たちの背徳、これを言うのです。

ベン・アザイ[10]は言った。「聖書にはこう書かれている。『呪術を使う女は生かしておいてはならない』(『出エジプト記』二二・18)。そして、そのすぐあとにはこう書かれている。『獣と通じた者はすべて殺されねばならない』(『出エジプト記』二二・19)。この二つのことがらは続けて述べられている。さて、獣と通じた者は石撃ちにされねばならない。よって呪術師もまた石撃ちにされるのである。」

ここでは論拠は表現の類似性ではなく、聖句の近接性に求められています。呪術は性的倒錯から派生するものとされています。背徳的な文明でも節度のない好奇心でもありません。律法の博士たちは、性的倒錯がいかなる他の悪にも還元できない独立したカテゴリーを構成すること、性的倒錯が人間に対して、普遍的解答の天井を突き抜け、社会正義を嘲弄する特殊な問題をつきつけることを知悉しておりました。皆さんはおそらくラシ[11]が彼の『創世記』八・7の註解で再び取り上げることになる『サンヘドリン』の奇妙なミドラシュをご存じであろうかと思います。地表を覆った水が少し水位を下げたかどうか調べさせるために、ノアが箱船の外へ送り出そうとした烏は箱船から飛び立つことを拒否しました。烏は自分の配偶者をノアのもとに残すことを望まなかったのです。正義がついに支配するはずの新世界で、そんなことがありうるのでしょうか。いずれにせよ、ノアの箱船に乗り合わせていたうちの誰かはそういうことがありうると考えていたのです。さて、ここで問題になるのは次のようなことです。必要とあらば革命をおこしてでも、私たちは正義を得たいと望んでいるわけですが、その正義は果たして性的倒錯の提起する問題を解決しうるのでしょうか。

ラビ・イェフダはこう答えた[12]。「その二つのことが続けて述べられている、だから呪術を使う女は石撃ちの刑に処されるのだ、ということは推論として正しいであろうか。」

これは私たちが最後に耳にする慈愛の声なのでしょうか。「二つの聖句が接近しているからと言って、呪術を使う女を石撃ちに処してよいものだろうか。」ラビ・イェフダはこう言っているように思われます。しかし楽観的になってはなりません。ラビ・イェフダには呪術師を免罪する意図はないのです。呪術師を処刑するためにはもっと他のよい理由が必要であると彼は言っているに過ぎません。別の言い方をすれば、彼は呪術の本質を別のところに求めているのです。

オヴとイドニ（一人は死者を呼び出す者、一人は呪詛を行う者である）は呪術師に属する者たちである。なぜ彼らは別々に言及されているのであろうか（『申命記』一八・10）。それは類似性によって推論するためである。オヴとイドニが石撃ちの刑にされるのであるから（『レビ記』二〇・27）、他の呪術師もそれに準じるのである。

呪術は一つの「属」です。私たちはそれが含む「種」を知っています。ですから、その「種」に加えられる取り扱い方（すなわち石撃ち）が、「属」にも当てはまることになるわけです。これが議論の形式的側面です。この議論は呪術について何を教えてくれるのでしょう。「属」についての情報源となる「種」としてここで挙げられている者のうちの一人は降霊術師です。私たちは彼らのことをサウル王の物語で知っています。サウルは『出エジプト記』の要請にしたがって、はじめのうちは呪術の根絶を通じて（そこには降霊術も含まれます）彼の王国を浄化します。しかしその統治の末期には彼らの力にすがるようになります。サウルの没落は彼が追い払ったはずの悪に助力を求めることによって決定的になるのです。一人の霊媒、エシェト・バアラト・オヴ[13]（『サムエル記』二八・7）がサウルの命によって、死者の王国から預言者サムエルを呼び出し、王はサムエルに彼の前途に待ちうける運命を問いただしたのでした。石撃ちに処せられるオヴとイドニとは死者に問いかける者たちのことです。これも神聖なるもの、過ぎ去り、不可触のものとなった神聖なるもの、の頽落態の一つです。おそらく、それはまた、円盤を回転させたり、占星術に問いかけたりして未来を知ろうと望む者たちにとっての「神聖なるもの」でもあります。交霊術、交霊術的心霊論とは最も卑俗な「神聖なるもの」、最も迷信的な「神聖なるもの」です。

《人間に対する権利》

ここから哲学的な問題が出てきます。いかにして道徳的頽落は可能か。いかにして聖性は神聖なるものと混ざり合い、呪術に変質しうるのか。いかにして呪術は人間の上に魔力を、強い力を揮いうるのか、というのがその問題です。

ラビ・ヨハナンは言った。「なぜそれはクシャフィーム(呪術師たち)と呼ばれるのであろうか。それは呪術師たちが『天の集まり』[14](l'Assemblée d'en haut)に異議を唱えるからである(メヒシン・ファマリア・シェル・マアラ)。」

実際に、ヘブライ語でこの言葉を表現しますと、「彼らは『天の集まり』に異議を唱える」は「メヒシン・ファマリア・シェル・マアラ」と綴られます。この一節の中には「ヒ」(kh)、「シ」(ch)、「ファ」(fa)、「マ」(ma)というような文字が含まれておりますが、これを組み合わせると「呪術師たち」を意味する「クシャフィーム」(*kechafim*)が得られます(ヘブライ語では母音は問題にされません!)。なるほど、このようなこじつけは真面目な語源学を以てしては決して正当化しえぬものでありましょう。しかし一つの興味深い考え方を示してはいないでしょうか。つまり、呪術とは至高の秩序に対する異議申し立てであるという考え方です。「絶対」に対する異議申し立てです。悪魔的な、ルシファー的な「ノン」です。魔術師は至高の秩序に対して「ノン」と言うのです。けれども、どうしてそんなことが可能なのでしょう。「絶対」の「ウィ」の中に、この「ノン」はどうやって紛れ込んで来るのでしょう。「絶対」に拮抗しうるものは「絶対」の他にありません。「自発的に堕落する神聖なるもの。」なんと気違いじみた理念でありましょう！　そんなものは「絶対」では決してありえません。「絶対」の模造品に過ぎません！　どうすれば至高の威光が自分自身から逸脱するというようなことが起こりうるのでしょう。スピノザは私たちに神へと至る思考の道を教えていますが、なぜ神が神自身から遠ざかり、神のイデアに代わって「第一種の認識」を残すようになったのかについては何も語ってくれません。こんなことが起こりうるとしたら、その理由としては次のことしか考えられません。すなわち、神聖なるものの脱神聖化たる呪術は、存在と無の間に、人間の頭脳の狂気のうちで、ある種の定式化されざる実存の様態を持っているからなのです。呪術はすでに真の神聖なるもの、聖性、「至高者」への仕え、に到達したひとや文明にとっては何ものでもありません。呪術はそのようなひとや文明を脅かすことはありません。そのようなものを試すことはありません。

この立場を弁ずるのがまさにラビ・ハニナなのです。

《呪術は存在しない……》

ラビ・ハニナは言った（『申命記』四・35）。「主だけが神であって、他に神はない。」

他の神（autre Dieu）は存在しない。神にとって他なる者（autre de Dieu）は存在しない。伝承によれば、ここはこう読むことになっています。つまりこうです。神の外には他のものは何一つない。他のものは何もなく、神のみが現実である、と。

するとラビ・ハニナは言った。「まさしく呪術師たちについてもそうである。」

呪術は存在しないのです！

ラビ・ハニナの足もとから埃を集めようとした女がいた。

この女は彼の足もとの埃を集めて彼に呪術をかけようとしたのです。足もとの埃はそのような力を与えるのです。

ラビは静かにその女に言った。「もしおまえにできるなら、そうすればいい。」というのはこう書かれているからだ。「他には神はない。」

つまりラビはこう言ったのです。「もしおまえが私に何か害をなしうるとしたら、それは『至高者』がそれを望んでおられるからだ。またもし、あの方がそれを望まれないのなら、おまえは私に指一本触れることさえできない。だから私は足もとの埃をおまえが集めようが、どうしようが一向に構わないのだ。」

しかしこの立場はつい今しがたラビ・ヨハナンによって反駁されたばかりではなかったでしょうか。

ラビ・ヨハナンはこう言わなかっただろうか。「なぜそれはクシャフィームと呼ばれるのであろうか。それは呪術師たちが『天の集まり』に異議を唱えるからである」と。

ですから、「天の集まり」に異議を唱えることは可能であるということになります……なぜラビ・ハニナは呪術を意に介さなかったのでしょう。答えはこうです。

ラビ・ハニナは別の考え方をするが、それは彼が有徳のひとだったからである。

《……あるいは人間の弱さに由来する》

「天の集まり」の光輝と威信は、その光を求めてやまない人間たちによって受け容れられることなしには、世界のうちに浸透してはきません。「絶対」は「絶対」を渇仰する人々の出現を待ってはじめて、みせかけの「絶対」を駆逐することができるのです。「至高者」に対して全身全霊を挙げて注意を向けているひとは、何を以てしても驚かすことができません。どんなトラウマも不可能です。「ノン」が存在のうちに滑り込んで来るのは、その注意が弛緩した時に限ります。悪魔的なるものは、覚醒状態を保とうとしている人間の心の隙に入り込むのです。心に隙ができた時だけがそのチャンスなのです。ですから神が世界から身を引かれたのではありません。人間が神に向けていた眼を閉じてしまったのです。たとえ一瞬まばたきをしただけであるにせよ、中断符（……）の黒い点によって覚醒のまなざしの不断の光が一瞬だけ途切れただけであるにせよ、眼を閉じたことに変わりはないのです。

こうして私たちはどうやって呪術の無が「現実」のうちに滑り込んでくるのか、そのやり方に通じたことになります。私たちが今註解しているこのテクストが、明確に一つのプランに基づいて構成されていることが、ここまでの議論の展開のしかたから、皆さんにもお分かり頂けたと思います。タルムードは決して民間伝承の歴史の中に無計画に堆積した文書ではないのです。

ラビ・アイブ・バル・ナガリ[15]はラビ・ヒヤ・バル・アバ[16]の名においてこう言った。「ラテヘム（『出エジプト記』七・22）によってなされた魔術的な行為は悪魔の仕業である。ラハテヘム（『出エジプト記』七・11）によってなされた魔術的な行為は呪術師の仕業である。こう書かれてはいないだろうか。『輪を描いて回る剣の刃』（ラハト・ハハレヴ・ハミトハペフェット）（『創世記』三・24)」

魔術の二つの相が示されます。ラテヘムによって行われる魔術とラハテヘムによって行われる魔術です。『出エジプト記』では、間に一一の聖句を挟んで、パロの呪術師たちが自分たちの呪法を用いて、モーセとアロンがパロに自分たちの力を示すために行ったのとの同じ超常現象をおこして見せる様子が描かれていますが、これらの呪術師はある時は「ラテヘム」、ある時は「ラハテヘム」と呼ばれています。

さて、『創世記』三・24では、アダムとイヴが追放されたエデンの園の門に、回転する剣が置かれることが書いてありますが、これに「ラハト」の語が用いられています。これは「剣の刀身」の意味です。[17] 剣の刀身、人間のもはやいない楽園の門を守る奇妙な門衛の武器はひとりでに回転します。「ラテヘム」によって得ることのできる魔術的な効果は「ラテヘム」とは別の種類の魔術に属するのではないでしょうか。ある特殊な材料による魔術を意味するのではないでしょうか。

アバイェ[18]は言った。「呪術師が厳密にある材料だけにこだわる場合、魔術は悪魔の仕業である。そうでない場合は呪術師による。」

不思議なことに、悪魔の仕業になる呪術と、媒介のない呪術をアバイェは弁別するのです！　悪魔の手になる呪術とは技術の中に忍び込んでゆくような呪術を指すのではないでしょうか。技術という不可思議の中に頽落した神聖なるものではないでしょうか。おそらく人間的な目的に奉仕するための合理的な技術とは別に、幻想を産出する技術というものが存在するのです。つまり胡瓜を作りだし、それを販売するような技術が、証券取引所的な投機によって暴利をむさぼる者たちが操る類の技術が。

《内化と魔術》

ではもう一つの魔術とは何でしょう。道具の要らない魔術、ささやきと、吐息だけの魔術とは。おそらくそれは霊化の魔術、内化の魔術のことを指しているのです。その魔術は問題を「内在化」することによって、問題をその動機にある善なる意志に還元して解決することによって葛藤を超克する力を持っています。人間の心はとてつもない広がりと深さを持っているのだからと言う口実で、犯罪にさえ説明を与えてしまうのです！　内的魔術は無限の資産を持っています。というのも内的世界ではすべてが許されているからです。すべてが、犯罪までが。魔術とはこのことです。愛の名における律法の廃絶。人間を何かの役に立てるために行使されるのではなく、人間に奉仕するために行使される力。人間は安息日のために存在するのではなく、安息日こそが人間のために存在するのである、という論理によって安息日を廃止すること。これがもう一つの魔術なのです。まさしく、安息日こそ「律法」の中で最も議論の白熱した論題ではないでしょうか。

アバイェは言った。「呪術に関するハラハーは安息日に関するハラハーに似ている。」

《呪術と安息日》

ご安心下さい。呪術についてのハラハーとの安息日についてのハラハーが直接的に似ているのではありません。安息日に「してはいけないこと」に関する規定と、呪術についての規定が似ていると言うことです。安息日に関する規定には、

石撃ちの刑に相当する行為がある。罰せられないけれども、禁止されている行為がある。はじめから許可されている行為がある。

つまり三つの段階が設けられています。許可されている行為、禁止されているけれども罰則のない行為、禁止されかつ罰される行為、この三つです。呪術についても同様です。

ある行為を実行した者は石撃ちの刑にされる。幻覚を見せた者は罰されないけれども、禁止された行為を犯したことにちがいはない。はじめから許可されている行為がある。ラビ・ハニナやラビ・ウシァ[19]がしたような行為である。彼らは安息日の前日にはいつも創造に関する律法を学んだ。そして三分の一しか育っていない仔牛を創造し、それを食べた。

ラビ・ウシァとラビ・ハニナのした行為は許されたものだったのでしょうか。然り、それは許された行為でした。ですから、もしあなたがたも創造の神秘を知っていれば、あのプラハのマハラル[20]のように、超自然的な姿をした物体を作りだすことができるのです。そうすることが許されているのです。この大胆なテクストはですから、人間の可能性に一定の限界を課さねばならないなどというのは滑稽なことだ、と私たちに教えていることになります。反動的な迷信や、技術の進歩を前にした恐怖など何ほどのことでありましょう！　私たちが増長しない限りは、何をしてもいいのです。人工肉を作ってもいいのです。それは呪術ではないのです。人工肉ならいいのです。そうです。安息日のための肉ならいいのです。これは瑣末なことではありません。安息日が存続する限りは、いかなる大胆な夢想に形を与えてもよいのです。事物の秩序から、必然性から、事物の歯車装置から、人間は脱出する能力を持っており、それが人間の至上権なのです。ですから呪術を規制する律法と、安息日の侵犯行為を規制する律法の間の比較は（単にどちらも三段階あるというだけの）純然たる構造上のものにはとどまらない、ということになります。安息日の律法は技術と呪術の限界を示しているからです。呪術はある意味において安息日の世俗化したものなのです。

だからと言って構造上の類似はいささかも失われたわけではありません。安息日の一日には無条件の禁忌が無数にあります。けれども、絶対に禁止されている行為の他に、それを行っても制裁を受けはしないが、どちらかと言えばしない方がいい行為（例えば安息日にテフィリン[21]をつけること）、一般には禁止されているけれども、一定の状況下では（例えばそのひとの病気の状態とか緊急の状態[22]が[23]要請する行為であるために）許可される行為が存在します。大ヒレルが若い時に、窓越しにシェマヤとアヴタリオン[24]の教えを聴くために学びの家の屋根の上で寒気に震えていた時、彼の身体を暖めるために必要なあらゆる手段が講じられ、安息日は瀆聖されました。けれども人々はそんな禁忌を意に介しませんでした。それはラビ・ハニナとラビ・ウシァが呪術の禁を犯して、三分の一の大きさにしか育たない仔牛を作り、それを安息日の焼き肉に供したのと同じことです。

ゲマラーの法律的議論あるいは純粋に形式的な聖句と律法の関連づけをとおして、意味深い光を知覚する時（おそらくその光こそがゲマラーの本質をなしているのでしょうが）、私はつねに驚きを禁じえません。呪術が安息日（シャバット）の侵犯と類比されうるということ、これは（魔女たちの集会をいみじくも「サバト」と名づけた人々とは正反対の意味で）かなり注目すべきことです。そして、安息日はつきるところ人間のためにあるのだけれども、それはあくまで人間と人間の権力濫用から（そして「つぶやきの魔術」と私たちが名づける、あの内化の呪術から）法規が安息日を守っている場合に限られるのだ、ということ。これはそれ以上に注目すべきことでしょう。

《三面記事》

さて私たちはかなり逸話的な部分に進んで参りました。のんびりくつろいだ老賢者たちが物語る呪術のさまざまな現われについての三面記事的な報告です。[25]しかし「賢者たちのくだけたおしゃべり」、シハット・フリン・シェル・タルミディ・ハハミームは必ず深い意味をひめています。

ラヴ・アシ[26]は言った。「私はかつてカルナの父親が鼻をかみ、鼻の穴から絹の布を出すのを見た。」

おそらくここで問題になっているのは、帳簿のごまかしで世間を欺くような人々のことです。オフィスの一角に陣取って、小麦の貨車や石油の船を売り買いして、私たちのか弱い眼をくらくらさせるような人々のことです。

事例は変わりましたが、論じられているのは同じ問題です。つまりこういう問いです。「呪術において、何らかの創造がありうるのだろうか。」私はこのあとに続くテクストは読みません。簡単に言いかえるとこういうことになります。呪術師たちはつまらぬものであれ、立派なものであれ、新しく何かを作りだす能力は持たない、ということです。呪術師たちはすでに存在するものを出してみせることができるばかりです。つまり彼らは物を移動させるだけなのです。彼らは「トリック」を用いて散らばっているものを取り集め、別の場所にあるものを持ってきて出現させるのです。配置転換であり、運動ではありますが、そこには何一つ新しいものはありません。

というのも、次のように書いてあるからです。

ラヴはラビ・ヒヤにこう物語った。「私はある日、一人のアラビア人が一頭のらくだを剣で切断するのを見た。そして、その前で彼が太鼓を打ち鳴らすと、らくだは生き返ったのである。」

ラビ・ヒヤは答えた。「あなたはそのわざのあとに血と糞を見たか。それは幻覚である。」

もちろん呪術師たちは「生けるもの」の上にはその力を及ぼすことができません。私はこの逸話を、一粒の涙も、一滴の熱い血潮も、ひとかけらの真の人間的苦悩も存在しないにもかかわらず、あたかもそこには葛藤や深刻な問題があるかのように仮象するある逆説的な状況を指示した文章ではないかと思います。あれだけのドラマと危機のあとなのだから、せめて熱い糞のひとかけらでも残っていればいいのですが！　それは反古を引き裂いただけのものだったのです。

もう一つのお話はこうです。

ゼイリ〔27〕はある日エジプトのアレクサンドリアに行った。そして一頭の驢馬を買った。

エジプトのアレクサンドリアとは高度の文明を誇る都市を意味します。メトロポリス、私たちの時代の巨大都市の一つを意味します。

彼がその驢馬に水を飲ませようとしたら、魔術が解けて、そこには梯子段が残されていた。

驢馬と見えたものは実は梯子段に過ぎなかったのです。彼が驢馬に水を飲ませようとしたら魔法が解けてしまいました。水は呪術の力を減殺する効能があるとされています。呪術を解く水、それはきっと冷たい水でしょう。

売り手たちは彼にこう言った。「もしあなたがゼイリでなかったら、お金は返さないところだ。というのは、ここでは買い物をする前に水につけて確かめない者は一人もいないからだ。」

《現代社会》

今や何ものも自分自身と同一的ではありません。呪術とはまさにそれです。現代世界そのものです。そこでは、何ものも何ものもほんとうの自分ではありません。誰も自分と一致していません。何ものも自分を語りません。といいますのは、どんな言葉も固有の意味を持っていないからです。すべて語られる言葉は魔術的な息です。誰もあなたの言うことを聞きません。なぜなら、みんながあなたの語る言葉の背後に「語られざるもの」があるのではないかと疑ってかかるからです。「語られざるもの」、語る言葉を条件づけるもの、イデオロギー、を透かして見ようとするからです。

次の逸話も意味するところは似ています。

ある日、ヤンナイ〔28〕は旅籠に行って飲み水を注文した。一人の女が彼にシェティタ〔29〕を差し出した時、彼は女の唇が動くのに気づいた。彼が水を少し地面にこぼしてみたら、それは蠍であった。そこで彼は女に言った。「私があなたの飲み物を飲んだのだから、今度はあなたが私の飲み物を飲む番だ。」女がそれを飲むと、女は驢馬になってしまった。彼は驢馬にまたがると、通りに出ていった。そこで女の友人が魔術を解くと、そこには一人の女に馬乗りになっているヤンナイの姿が現われた。

ラシはこれについてこう書いています。まさしく、それゆえにテクストはヤンナイを「ラヴ・ヤンナイ」と呼称していないのである、と。テクストは女の背中にまたがって通りに出てゆくようなひとに「ラヴ（師）」の称号を与えたくなかったのだ、と。

最後の逸話は二つめの災厄としてエジプトに現われた有名な蛙の話です。蛙のことを『出エジプト記』のテクストは「ツファルデア」、すなわち「蛙」の単数形で語っております。問題はここから出てくるわけです。蛙が単数ということは、巨大な一匹の蛙がエジプト全土を覆い尽くしてしまったことになります。これはかなりおぞましい光景ですが、なんとなくイヨネスコの『アメデあるいはどうやって厄介払いするか』の屍体に似ていないこともありません。[30] この場合、呪術は生命の老廃物による生命の侵犯、文化の古文書の下での文化の窒息を意味することになりましょう。すべてが中断し、また再開し、終わることなく続くのです。脱神聖化の不可能性そのもののうちなる神聖なるもの、というわけです！　ただし、この単数形がある独特な蛙の怪物的な繁殖性（つまり「悪」の、あるいは単に流行の異常な繁殖性）を指すという解釈も成り立ちます。複数の註解者によれば、エジプトに全世界の蛙を呼び寄せるのには、ただ一匹の蛙がいるだけで十分であったといいます。一匹の蛙あるいは「悪」……万国の労働者が団結しているかどうか私は知りませんが、万国の犯罪は、そのあらゆる対立にもかかわらず、統一戦線を形成しています。つねに「犯罪」はインターナショナルなのです。

蛙は一匹しかいなかったのです。けれどもそれが一声鳴いてみせただけで、エジプトはたちまち蛙で埋まってしまったのです。

これは神聖なるものの頽落のせいなのですが、神聖なるものはその頽落のうちに棲まっているのです。頽落する神聖なるものは消滅する神聖なるものよりもさらに劣悪です。それゆえに神聖なるものは神聖ではなく、神聖なるものは聖性ではないのです。

《聖性の芳香》

さて次に今までの議論とは対極的な考え方が述べられます。これを読んで、「律法」の繁文縟礼にかかわる、いかにもパリサイ派的な意志が活写されているな、としか思わないひとがあるかも知れません。「パリサイ派的な意志」とはある世界と絶縁することを言います。それはどのような世界かと言いますと、そこでは「みせかけ」(l'apparence)が「現われ」(apparaître)をたちまち変質させてしまいます。脱神聖化は新たな別の魔術にすぎず、神聖なるものを増殖することしかできません。そして神聖なるものは発生するやただちに呪術へ劣化してしまいます。そのような世界と絶縁すること、それが「パリサイ派的な意志」ということです。この世界は呪縛されています。つまり出口がありません。責任を放棄することなしにはそこから逃れることができません。そのような世界のうちにおいて、パリサイ派の「絶縁」は実行されます。それは禁じられたるものの現前から身を避けること、あるいは享受することを脅迫されつつ規範にあえて固執すること、しぶとい「神聖なるもの」と対峙する「聖性」への希望。ひとことで言うならば、世界に現前するものに抗する不屈のモダリテとしてのユダヤ教です。

私たちのテクストはあるタルムードの物語（その冒頭の部分はとても有名です）の終末部を語っています。こういう物語です。『バーバー・メッツィア』の59bを読むと、そこでは律法博士たちがハラハーのある問題について議論しています。激論を交わしているのはラビ・エリエゼル[31]と彼の同僚たちです。問題は清浄と不浄にかかわるものです。問題になっているのは「内在的な」清浄ではありません。「内在的」な清浄などはどこにでも転がっておりますから、行為をする前でもした後でもどうにでもこじつけることができます。お分かりでしょうが、大事なのは人間の口に入るものではなく、人間の口から出るものなのです。清浄を精神的なものとみなすならば、私たちは清浄と不浄が渾然一体となっている内在性の虚無的な深淵に呑み込まれてしまうでしょう。それゆえにこそ、律法博士たちは儀礼的な清浄、つまり外在的な基準で定義しうる清浄について議論しているのです。内在的な清浄がこれ以上口先だけのものにならないためにも、外在的な行為についての規範がなくてはすまされぬからです。

ご存じのとおり、死者との接触はユダヤ教において不浄の源とされています。『バーバー・メッツィア』では、（口の開いた容器として製造されたすべての物体は、死者がそばにいると不浄になるのですが）ある特殊な形をしたかまど（煩瑣になるので、それがどういう形であるということには言及いたしません）は不浄かどうか、ということが問題になっております。

ラビ・エリエゼルは、このかまどは不浄のものとなる可能性があると主張します。一方ラビ・イェホシュアとその同僚たちによれば、それは不浄にはなりません〔32〕。なんて変な話でしょう！　こんな議論は何の意味もないように思えます。とりわけ内在性の深淵がまさに世界を脅かしている時に、それに眩暈を覚えることのない人々にとっては。しかしこの議論はあまりに激烈なものであったために、ついに賢者たちはラビ・エリエゼルに対して怒りを爆発させるにいたったのです！　ラビ・エリエゼルは彼に反対する人々を説得するために超自然的な手段に訴えました。有名なのは物語のこの部分です。木がひとりでに根こそぎになったり、河の水が逆流したりしてラビ・エリエゼルの主張を応援します。しかしラビ・イェホシュアはトーラーによって提起された問題にかかわる議論においては、ひとりでに根こそぎになる木や逆流する河に基づいて当否を決することを認めません。奇蹟など無用だというのです！　ラビ・エリエゼルは現に議論が行われている学びの家の壁に証言を求めます。その壁はおそらく耳があって、長年にわたりラビたちの議論をたくさん聞いてきたのでしょう、傾いて崩れ落ちそうになることによってラビ・エリエゼルの言い分が正しいと証言します。けれどもラビ・イェホシュアはこの証言をもしりぞけます。ラビたちがトーラーについて議論している時に、壁がどうやってその議論に参加できるというのです！　ラビ・エリエゼルの説く条理に対する尊敬の念と、ラビ・イェホシュアの説く条理に対する尊敬の念に引き裂かれて、壁は傾いたまま停止してしまいます。崩れ落ちかけながらも崩れ落ちずに、壁は永遠に傾いたままなのです。するとラビ・エリエゼルは自説の傍証に天の声を轟かせます。けれどもラビ・イェホシュアはこの声さえもしりぞけます。天の声は論拠にはならない、なぜならトーラーは地上に生き、この世で暮らさねばならない人間たちに対して与えられたのだから、人間たちの議論に、そして必要な場合は、然るべき制度に委託されているからである、と。こうして多数派は少数派であるラビ・エリエゼルを破門にします。多数派はこの賢者の中の賢者を疎外し、自らに彼の教えの恩恵に浴することを以後禁じるという責苦を課します。さて『バーバー・メツィア』ではこののち、ある幸運なラビの一人がエリに会った話を続けています。このラビは早速この機会を利用して主はこの議論を聞いてどんな様子だったかを尋ねます。エリはこう教えます。主はこの知的な格闘の間中ずっとにこやかに微笑んで、「私の子供たちは私よりうわてになった。私の子供たちは私より強くなった」と繰り返し言われたそうである、と。

私たちの手もとのテクストはラビ・エリエゼルの最後を詳しく語っています。けれどもその終末の様相に言及する時の理念の連鎖のしかた（あるいは論理のつながり方）はかなり奇妙です。さきほど読んだミシュナーの部分で、ラビ・アキバはラビ・イェホシュアの名において「二人の人が胡瓜を摘んでいた。云々」と語っておりました。しかるに私がこれから註解しなければならないテクストにおいて、胡瓜に関する有名な教えは、ラビ・アキバがラビ・エリエゼルから学んだことになっています。つまり私たちの前にあるテクストは引用しつつ、異論を立てているのです。ラビ・エリエゼルの最後の時についての長い物語があります（この物語の、さまざまな視点から見ての、美しさを皆さんが味わって頂ければよいのですが）。この物語は、幻覚的な胡瓜を売る呪術師とただそれを見せるだけの呪術師の間に介在する差異についてラビ・アキバに教えたのは、ラビ・イェホシュアなのか、ラビ・エリエゼルなのかを決するためにここにあるのです。

ラビ・アキバは言った。云々。

しかしそのことをラビ・アキバに教えたのはラビ・イェホシュアではなかったろうか。さて我々にはこういうトセフタ〔33〕がある。ラビ・エリエゼルが病気になった時に……

《死の床のラビ・エリエゼル》
私たちは引用されたトセフタの中でその人生の最後の時のラビ・エリエゼルにまみえることになります。

ラビ・アキバとその一行が彼のもとを訪れた。ラビ・エリエゼルはアルコーヴに臥し、残りの者たちは控えの間にいた。

ラビ・エリエゼルに対する「破門」はまだ失効していなかったので、彼の同僚たちは彼に近づくことを禁じられていたのです！

その日は安息日の前日であった。彼の息子のヒュルケノトが父のテフィリンを外すために入ってきた。

病気のラビ・エリエゼルはそのアルコーヴのうちにあって、安息日が近づいているにもかかわらず、まだテフィリンをつけたままだったのです。安息日にはテフィリンをつけないほうがよい、と定められています。息子はラビ・エリエゼルが安息日の間、テフィリンを着用したままでいないように、経札を取りに来たのです。それを着用することは制裁を受けるほどではないにせよ、禁止されていることではあるからです。

ラビ・エリエゼルは彼に腹を立て、息子は父の剣幕に気押されて出ていった。そこで彼はかたわらの人々に言った。「父は理性を失っているようだ。」するとラビ・エリエゼルは答えた。「理性を失っているのは息子と母親である。彼らは石撃ちの刑に相当する禁忌を意に介さず、厳粛な日にふさわしからぬ瑣末なことに気を取られている。」

息子は安息日に着用しても別に咎めを受けることのないテフィリンに気を取られ、母親は聖なる日のために用意し、保存しておくべき安息日の灯りと熱い飲み物のことを忘れていたからです。もしも彼女が陽が落ちてから蠟燭に火をともしたり、安息日の間に火を使って水を暖めたりしたら彼女は石撃ちの刑に処せられることになるからです。ここでも理にかなっていたのはラビ・エリエゼルの方でした。

律法の博士たちは彼の理性が平明なのを知って、部屋の中に入り、四クデ離れたところに腰かけた。

彼らは四クデの距離を保ったまま近づきました。その距離が破門された者と彼らを隔てていたのです。

ラビ・エリエゼルは彼らに言った。「なぜ君たちは来たのか。」彼らは答えた。「トーラーを学ぶためです。」ラビ・エリエゼルは言った。「ではなぜ今まで君たちは来なかったのか。」彼らは答えた。「私たちには時間がなかったのです。」

ここは「私たちはあなたが破門されていたために自由な往来を禁止されていたのです」というのが真相です。

するとラビ・エリエゼルは言った。「君たちが天寿をまっとうしたら私は驚くであろう。」

君たちは暴力的な死に、すなわち刑罰による死にふさわしいであろう、とラビは言ったのです。このことは「知」にかかわっていたのですから、師のもとに参じないということは、それだけで取り返しのつかない過ちであることになります。そして以下の記述では師の卓越性、弟子の師に対する有罪性、弟子の師への裏切りが語られます。

そこでラビ・アキバは言った。「私もですか。」ラビ・エリエゼルは答えた。「君の運命は他の人たちの運命よりも一層苛酷なものになるだろう。」

ラビ・アキバは最も優れた弟子でした。最も優れていたがゆえに、師に対して最も有責であり、最も罪深いな弟子なのです。バル・コクバの乱[34]が潰滅したあと、ローマ軍によって一〇人の律法博士が拷問、処刑されました。ラビ・アキバもその一人です。ヨム・キプール[35]の典礼は彼らの事蹟を今日に伝えますが、そこにおいて彼らの刑罰（ラビ・アキバの処刑が最もむごたらしいものでした）はヤコブの息子たちが彼の兄弟を売ってしまったという決して忘れられぬ、償うことのできぬ罪に対する償いとして提示されます。同胞愛に対するこの罪の永遠の、見えざる反復に対する償いとして。

ラビ・エリエゼルはラビ・アキバの心臓の上に二本の腕を置いて言った。「君たちに禍あれ。私の二本の腕は閉じられたトーラーの巻き物に似ている。私はトーラーを大いに学び、それについて多くを教えた。私はトーラーから多くを学んだが、私が私の師たちのもとで学んだものは、一匹の犬が海の水をなめたほどのものに過ぎない。」

師もまた誰かの弟子であり、おのれの師に対して罪責感を覚えています。彼もまた彼の師たちが与えたものを受け取ることができなかったのでした。弟子の師に対する尊敬の念は弟子としての弟子の罪責感、彼の「犬」性の自覚において絶頂に達します。

私は大いにトーラーを教えたが、私の弟子たちは一本の筆の先が絵の具の壺から吸い上げるほどにしか学ばなかった。

ここではもはや犬との比較は問題になりません。

それどころではない。私は白癩病について三百の教えを伝えた。

教えはつねに外在的なことにかかわるのです！　決して「内的生活」にはわたらないのです！

しかし私にそれを尋ねた者は一人もいなかった。私はまた胡瓜の植え付け方について三百の教えを（三千の教えという説もある）伝えたが、ヨセフの息子アキバの他には誰もそれについて教えを乞うた者はいなかった。

おそらくアキバがこのように倦むことのない探究心を持っていたからこそ、彼の運命はその処刑の時に、最もむごたらしいものとなるのです。

ある日、私たちが歩いていると、彼が私に言った。「先生、私に胡瓜の植え付け方を教えて下さい。」私がひとこと言うと、畑は胡瓜で一杯になった。彼は私に言った。「先生、先生は私に胡瓜の植え付け方を教えて下さいました。今度は胡瓜の引き抜き方を教えて下さい。」私がひとこと言うと、胡瓜は一箇所に積み上げられた。

さて、ここのところで今読んでいるトセフタはミシュナーと矛盾することになるわけです。ミシュナーでは胡瓜の教えをラビ・アキバに伝えたのはラビ・イェホシュアであるということになっているからです。

《最後の時の言葉》

この先のテクストは、一見すると、儀礼上の「なすべきこと」と「してはならぬこと」にかかわる問題を論じているかに見えますが、私の意見では、もっと深遠なことを論じているように思われます。このような議論の外見と中身の落差のゆえにユダヤ教は無理解といわれなき嘲弄に甘んじなければならなかったのです。師は死の床にいます。その至高の瞬間に一体何が語られたのでしょう。永遠の運命についてでしょうか。精神生活についてでしょうか。いいえ、ちがいます。「私がなさねばならぬこと」は「私が希望することを許されていること」よりも重要なのです。

そこで彼らは言った。「球、型、護符、真珠の入った皮袋、小さな重しについての教えはどうなっているのですか。」

なんという驚嘆すべき凡庸さでしょう！　問題になっているのは、容器とも非容器ともどちらとも取れる皮製の五つの物体です。死者のいる部屋にあった容器はどれが不浄でどれが不浄でないのかをめぐっていた議論が一度中断したのち、また蒸し返されたのです。律法の博士たちは彼らの師が墓場に持っていってしまう前に少しでも多くの知を引き剝がそうと思ったのでした。さて師はここに列挙された五つの物体について、それが不浄を受け容れる可能性があるかないか、どう答えたでしょう。この五つの物体はアト・ランダムに列挙されたわけではありません。何かの象徴でもありません。これらはその特異性そのものにおいて、還元不能の意味を持っているのです。皮はこの物体のそれぞれにおいて別個の役割を果たしています。ここでは構造が分析されているのです。

「球」において皮は物体の一部分をなしています。皮はそれを満たす乾燥した草のただの容れ物ではありません。

「型」とは何でしょう。ここで言われている「型」というのは靴屋がそれの上で仕事をする皮の靴型のことです。つまりこれから作ろうとする靴をその上におくがっちりした物体です。この場合皮は靴を受け容れながら、それの支持台として働いています。これもまた受容の一形態ではありますが、球における皮のとはちがうモードにしたがっています。ものは型の上にあるのであって、中にあるのではありません。

さて「護符」とは何でしょう。宝石が飾りとして一つそこにはめ込まれている皮製の物体です。この場合の皮の役割は何でしょう。新しいカテゴリーです。皮は純然たる容れ物ではありませんし、物体の一部でもありませんし、支持台でもありません。宝石を埋め込まれた皮はそれ自身が装飾の機能を果たしています。

「真珠の入った皮袋」とは何でしょう。ラシの説では、これは病気の動物を癒すためにその首に結びつける皮袋のことだそうです。まじないでしょうか。あるいはそうかも知れませんが、そういうふうにはとらえられていません。雌牛の病気を治すおかみさんの秘術も医術の一つと言えば言えます。ここで、皮はものをぶらさげるために用いられています。飾りでも、容れ物でも、支えでもありません。

五番目の、つまり最後のカテゴリーは「小さな重し」です。小さな重しは砕け易い金属でできていて、すぐに目方が減ってしまいます。この減耗を防ぐためにこれを皮製の袋で包む習慣がありました。この場合、皮の袋は金属の崩壊を防ぐ純然たる保護具です。物体の一部でも、容れ物でも、支えでも、吊り下げ具でもありません。

以上五つのモードのいずれにおいても、皮製の物質は容れ物という機能を保持しつつ、それぞれもう一つの異なる機能をも備えています。ラビ的決疑論はこのように形式的な意義に対する深い関心があることがこの分析からもお分かりになるでしょう。

ラビ・エリエゼルは答えた。「それらは不浄であるので、しかるべく清められねばならない。」

「しかるべく」とは分離された皮の部分だけでなく、皮を含む物体全体を浄化の儀礼に捧げることを言います。なぜそうなるのかを説明するためには、ラビ・イェホシュアとラビ・エリエゼルの論争をまた始めからやり直さなくてはなりません。その論争がどのような惨憺たるものであったかは前にお話ししたとおりです。私たちはラビ・エリエゼルがその至高の瞬間に伝えた決定を尊重することにしましょう。けれども彼の同僚たちはさらにもう一つ質問がありました。

「では靴型の上にある靴についての教えはどうですか。」

なぜこういう質問がなされたかというと、未完成の物体は不浄性を受け取ることができないからです。もし靴が作り終わっていて、完成品になっていたら、その時には靴は不浄になります。靴型の上にあったということは、それはまだ未完成だったことになりますから、それは一個の物ではまだなく、作られつつある物です。物でなければそれは不浄性にけがされることがないこと、これは誰しもが知っています。しかし靴型の上に放置されたままの完成した靴は、完成品といまだ作られつつある状態の臨界線上にあります。この問いこそはものごとのぎりぎりの極限を探究する精神によって発明された状況に他なりません。

するとラビは答えた。「それは清いものである。」そしてこの「清い」という言葉を口にしながら、ラビの魂は清浄のうちに脱していった。

彼は靴の清浄性のうちで息絶えたのです！　けれどもこの清浄性はおそらくただの清浄性ではないはずです。それは私の意志の、測定不能の清浄性にはかかわりません。そうではなくて、靴の清浄性、つまり靴において示されたような、不浄とのぎりぎりの境界線上にある清浄性についての、客観的な準則への気遣い、それがここで語られているものなのです。

もし皆さんが通りすがりのひとに（それは例えば何でもご存じのジャーナリストの方でも構いません）「イスラエルのある偉人は清浄性のうちで死んだ。というのは彼は靴は清浄であると言明したからである」と言ってみたとしたらどうでしょう。皆さんが前後の文脈をはしょってお話しされても、あるいは私が翻訳したような文脈に沿ってお話しされても、いずれにせよ相手は皆さんを笑い飛ばし、冷嘲的な人々に冷嘲のたねを提供すべく早速『ル・モンド』の囲み記事にして取り上げるのがおちでしょう。

ラビ・イェホシュアは立って言った。「禁令は解かれた！　禁令は解かれた！」

《師の死》

彼は死にました。

私が註解すべきテクストはもう残り多くはありません。註解抜きで読まれれば、そこには亡き師への敬慕が語られているように皆さんには感じられることでしょう。

安息日が終わると、ラビ・アキバはカエサリアからルドに通じる道の途中でラビ・エリエゼルの棺に出会った。彼は自分の胸を血がにじむまで叩いた。葬儀に参列する人々の列の前で、彼は言った。「わが父、わが父、イスラエルの戦車と騎兵たち！」

戦車があり、騎兵（おそらくは戦車を操縦する者のことでしょう）が今までは存在しました。導く師と、導かれる議論が。水先案内人と導かれる乗り物が。ラビ・アキバが口にしたのは、預言者エリシャが彼の師である預言者エリヤ、不死のひと、が嵐の中で彼から奪い去られる時に口にした言葉です[36]。

「私はたくさんの貨幣を持っているけれども、それを両替してくれる者が誰もいない。」

師の死、問いかけの終わり、返答の終わり、無用の叡智。この上ない絶望。「これから私は一体誰に向けて問いを発することができるのだろう。」こうラビ・アキバが嘆いている時に、テクストは自分で語ったこの悲痛な話をそのままにして、平然とまたもや胡瓜の話に舞い戻るのです！

アキバがそれを学んだのは、だからラビ・エリエゼルからだったのである。

ラビ・エリエゼルはこう言わなかったでしょうか。「私たちが歩いている時に彼が私に胡瓜の作り方を尋ねた。」ですからラビ・アキバが、私たちのミシュナーがそこから始まる有名な教えを授かったのは、ラビ・エリエゼルからであって、ラビ・イエホシュアからではなかったのです！

ラビ・エリエゼルは確かに彼にそれを教えたのだが、理解させはしなかった。それゆえ改めて彼はそれをラビ・イェホシュアのもとで学び、彼がそれを理解させたのであった。

だからこそ私たちのミシュナーは「ラビ・イエホシュアの名において」と述べているのです。理解されなかった以上、ラビ・エリエゼルの教えはほんとうの教えではなかったことになります。ラビ・アキバはおそらくすべての質問をするだけの時間がなかったのでしょう！

まだ私たちに突きつけられ、ゲマラーが自らに問いかけている最後の問題が残っています。それはこういう問いでした。「ラビ・エリエゼルは呪術をつかったのだろうか。」

しかし、なぜ彼は（彼とはラビ・エリエゼルのことです）そのようになしえたのであろう。私たちはこう学んだのではなかったろうか。「呪術を使う者は制裁を受けなくてはならない」と。それを教える場合はこの限りではないのである。というのも「師」はこう言っておられるからだ（『申命記』一八・9）。「あなたはその異邦の民の忌みきらうべきならわしを学んではならない。」

あなたはそれをなす術を学んではならないのだが、それを理解し、それを教えるためには、すべてを学ばなくてはならないのである。

一番大事なことは最後に書いてあります。偽りの神聖なるものが〔あるいはむしろ神聖なるもの「そのもの」と言った方がいいかも知れません〕棲息する幻想と呪術の世界について、また神聖なるものの頽落について、私たちはここまで学んできたわけですけれども、こういったことのすべては、知っておくべきことなのです。この「忌みきらうべきならわし」に関する知、ユダヤ教が神聖なるものとその脱神聖化に対して有することが許される唯一の関係が、この「知」なのです。ユダヤ教の求める聖性が、もしその世界から〔神聖なる世界であれ、脱神聖化された世界であれ、つねに神聖なるものが頽落し、その頽落そのものによってわが身を養っているような世界から〕何かを得ているとしたら、それはその世界についての知以外にはありません。イスラエルが求めてやまない聖性が可死的な神の王国に何かの借りがあるとしたら、それはこの知だけです。「可死的な神」、そのような神がすでに、ユダヤ教にとっては何千年も前から、絶命してしまっていることをユダヤ教は一度として忘れたことがありません。ユダヤ教の望む聖性は生ける「神」から来るのです。

訳注

〔1〕サンヘドリン　sanhedrin　タルムード『損害篇』（ネズィキン）第四章。司法を論じる。サンヘドリンと

はローマ時代（紀元五世紀まで）パレスチナの政治、宗教、司法の最高機関であった高等法院を指す。

〔2〕バルク教授　Henri Baruk（1897-1999）フランスの精神科医。シャラントン精神病院主任精神医。パリ大学教授。フランス神経学会会長。信仰と医療倫理、聖書の医学とギリシャ医学の研究など特異な分野にも業績がある。ユダヤ人問題にも関心が深い。ヘブライ医学史協会、エルサレム・ヘブライ大学支援会会長。

〔3〕ラビ・アキバ　Rabbi Aquiba（Akiva b. Joseph）（50-135）パレスチナのタンナ。そのミシュナーはユダ・ハナシーのミシュナーの源流の一つ。バル・コクバの乱に参加、ローマ軍にとらえられ、殉教。その生涯は伝説的な逸話で満たされている。

〔4〕ラビ・イェホシュア　Rabbi Yehochua（Joshua b. Hananiah）紀元一―二世紀頃のタンナ。ヨハナン・ベン・ザカイの五人の弟子の一人で、その叡智をもって知られた。彼の最も有名なハラハー議論は本書に取り上げられたエリエゼルとの「アクナイのかまど」をめぐる清浄性論争であり、彼の合理的な律法解釈を端的に示すものといわれる。

〔5〕呪術を使う女　la sorciere　聖書原文では「メハシェファ」（魔術師の女性単数形）。

〔6〕エミール・トゥアティ（Emile Touati）はこの大会で、「今日の社会は脱神聖化されたか？」と題するシンポジウムの司会を務め、「神聖なるもの」の諸相について基調的な発言を行っている。トゥアティによると、常識的には現代社会は世俗化（séculariser）、脱神聖化された世界と考えられている。諸科学の進歩によって、「神聖なるもの」は社会から排除され、宗教は死んだかのように人々は思っている。しかし、にもかかわらず、堕落し腐敗した形式での「神聖なるもの」は爆発的に蔓延している。「私たちは今や新たな土俗信仰（paganisme）を前にしている。」フランスには三千人の透視能力者がおり、占星術は最も人気のあるコラムであり、オカルト本は巷間にあふれかえっている。ウッドストックは「ミサ」であり、ドラッグは彼岸の代用品であり、毛沢東は生き神さまとなっている。（時代錯誤的な固有名が出てきたが、この大会は一九七一年一〇月三一日

に開催されている。）つまり「世俗化した宗教」の百花繚乱である。ゆえにユダヤ教徒たちにとって「真に神聖なるもの」を不当にその名を称しているものと峻別することが急務となるのである。「現在の主たる確執はそもそも神聖なるもの同士の確執なのである」（*L'Autre dans la conscience juive*, P. U. F., 1973, pp. 7–10）。

レヴィナスはこの「真に神聖なるもの」と「いつわりの神聖なるもの」の対立というトゥアティの基調的図式をふまえて発言しているわけである。

〔7〕マコット　Makoth　タルムード『損害篇』第五章。笞打ち刑（『申命記』一九章、二五章、『民数記』三五章）を主題とする。

〔8〕ラビ・エリエゼル・ベン・アザリヤ　Rabbi Eliezer ben Azariya（Eleazar b. Azariah）　紀元一―二世紀頃のタンナ。

〔9〕ラビ・タルフォン　Rabbi Tarfon　神殿破壊の頃のタンナ。ヨハナン・ベン・ザカイの門下でアキバの論敵。

〔10〕ベン・アザイ　Ben Azaï（Simeon b. Azai）　紀元二世紀頃のタンナ。

〔11〕ラシ　Rachi（Solomon ben Isaac）（1040–1105）　中世フランスの聖書、タルムード註解者。トロワにイェシバー（学塾）を開設し、多くの弟子を輩出した。そのタルムード註解は非常に権威の高いもので、最初の活字印刷版タルムード以来、ほとんどすべての版に彼の註解は収められている。伝説によれば、彼は『マコット』の註解の途中、「純粋」という文字を書きつつ息絶えたという。

〔12〕ラビ・イェフダ　Rabbi Yehouda（Judah b. Ezekiel）（？–299）　バビロニアのアモーラ。プンパディタの学院の創設者。ラヴ、サムエルの弟子。彼とフナの議論はバビロニア・タルムード中の白眉とされる。

〔13〕エシェト・バアラト・オヴ　Echeth baarath Ov　『サムエル記Ｉ』二八・7に「サウルは自分の家来たちに言った。『霊媒をする女を捜して来い』」とある。ここで「霊媒をする女」の訳を当てられている語が「エシ

エト・バアラト・オヴ」である。「エシェト」は「女」（イシャー）、「バアラト」は「所有者、その性質を持つもの」（バアラー）、「オヴ」は「霊媒」。なお『申命記』一八・11には次のような記述がある。「呪文を唱える者、霊媒をする者、口寄せ、死人に伺いを立てる者があってはならない。」ここで「霊媒をする者」には「オヴ」、「口寄せ」には「イドニ」の語が対応している。いずれも死者を呼び出して交霊する者で、その差異はつまびらかにしない。

〔14〕メヒシン・ファマリア・シェル・マアラ　makchichin famalia chel maala　文字通りには「天の集まりをおとしめる（異議を唱える、その誤りを言い立てる）」の意。「メヒシン」の原形である動詞「ヒヘシュ」は「否認する、偽る、弱める、減殺する」を意味する。ラシはこの箇所を次のように註解している。「魔術師たちは天が天命を定めた者たちの死のために呪文を唱える。」別の註解者たちは、魔術師たちは実際には神の力を弱めたりすることはできないが、そうしようと試みる。それゆえ彼らは罪あるものとされるのである、と書いている。「天の集まり、高みの一団」（ファマリヤ・シェル・マアラ）とは「神」のタルムード的な表現。

〔15〕ラビ・アイブ・バル・ナガリ　Rabbi Aybou bar Nagari（Aibu b. Naggari）紀元四世紀頃のパレスチナのアモーラ。

〔16〕ラビ・ヒヤ・バル・アバ　Rabbi Hiya bar Abba（Hiyya b. Abba）紀元三―四世紀頃のアモーラ。ヨハナンの門下で師の名において多くを教えた。

〔17〕ラハト　lahat　『創世記』はアダムとエバの楽園追放を語ったあとで次のように書いている。「こうして神はひとを追放して、いのちの木への道を守るために、エデンの園の東に、ケルビムとラハト・ハハレヴ・ハミトハペフェットを置かれた。」邦訳は傍点部を「輪を描いて回る炎の剣」と訳している。エルサレム聖書も同じ言葉を「閃光を放つ剣の炎」（flamme du glaive fulgurant）と訳している。手元のヘブライ語‐フランス語辞典（*Nouveau Dictionnaire hebreu-francais*, Larousse, 1985）もこの同じ箇所を引用して「剣の閃光を放つ

刀身」の訳を当てているが「ラハト」には「魔術、幻術、情熱、興奮」の意味もある。

〔18〕 アバイェ Abayé（Abaya, Abbaye）（278-338） バビロニアのアモーラ。プンパディタの学院長。彼の主たる論敵はラヴァ（Rava）で、彼らの議論はバビロニア・タルムードの主要な部分を占める。アバイェは伝統主義的で、民衆の叡智をその論拠に活用したことで知られる。

〔19〕 ラビ・ウシァ Rabbi Uchia（Oshaiah, Hoshaiah, Rabbah） 紀元三世紀頃のパレスチナのアモーラ。バル・カッパラ、ヒヤの門下。ユダ・ハナシーの死後、カエサリヤに自分の学院を創設。バライタの収集にヒヤとともに努めたため「ミシュナーの父」（アヴ・ハ・ミシュナー）と呼称された。

〔20〕 プラハのマハラル Maharal de Prague（Judah Loew Ben Bezalel）（1525-1609） プラハに実在したラビ、タルムード学者、数学者。有名なゴーレム（人造人間）の製造者に擬される。伝説によれば、彼は自分の造ったゴーレムが狂暴化したため、やむなく挨に戻したという。

〔21〕 テフィリン tephilin ユダヤ教の宗教用具。聖句を収めた二つの小箱。早朝の祈禱の際に男性が額と左腕につける。

〔22〕 大ヒレル Hillel l'Ancien 西暦紀元前後、第二神殿期の代表的な賢者。「ザケン」（長老）あるいは「バビロニア人ヒレル」とも呼称される。トーラー釈義規則を制定し、同時代の大学者シャンマイとならび称される。ヒレルが学院に入るだけの金を持っていなかったために学院の屋根にのぼり、明りとりの窓からシェマヤとアヴタリオンの講義を聴き、凍りついてしまった逸話は『ヨマー』35にある。

〔23〕 シェマヤ Chemaya（Shemaiah） 紀元前一世紀頃の学者。つねにアヴタリオンと対にして言及される。

〔24〕 アヴタリオン Avtalion 紀元一世紀頃の学者。シェマヤの僚友。学統を伝える「ズゴット」全五世代の第四代。シャマヤがナシー、アヴタリオンが法院長を務め、「同世代で最も偉大な人々」と呼ばれた。

〔25〕 シハット・フリン・シェル・タルミディ・ハハミーム Sihath houlin chel Talmidei hahamim 「律法の賢

者たちの日常的な、世俗的な会話。」『アボダー・ザラー』19b、『スカー』21で次のような文脈のうちに用いられる。「なぜ賢者たちの日常的な会話でさえ釈義を要するのか。それは『その葉は枯れない』(『詩篇』一・3)と書いてあるからだ。」枯れない木と同じように、賢者の言葉も枯れない。つまり賢者が何かをしている時は、それがトーラーには直接かかわらない場合でさえ、注意を向けねばならない。というのは賢者は何をしている時も、何を語っている時も、それを通じて叡智を示しているからである。

〔26〕ラヴ・アシ　Rav Achi (Assi)　紀元三—四世紀頃のパレスチナのアモーラ。タルムードに最も頻出するアモライームの一人。フナ、ハニナ、ヨハナンの学統を継ぐ。

〔27〕ゼイリ　Zeeri (Ze'iri b. Hinena)　紀元三世紀頃のバビロニアのアモーラ。ハニナ・バル・ハマ、ヨハナンの学統を継ぐ。

〔28〕ヤンナイ　Yanai (Jannai, Yannai, Rabbah)　紀元三世紀頃のパレスチナのアモーラ。ユダ・ハナシーの門下。

〔29〕シェティタ　chetitah　原義は「流れ、流出」。ソンツィノ版の注によると「小麦粉と水でできた飲み物」。

〔30〕『アメデあるいはどうやってそれを厄介払いするか』(Amédée ou comment s'en débarrasser)　フランスの劇作家ウジェーヌ・イヨネスコ (Eugène Ionesco) (1912-1994) の戯曲 (一九五四年)。主人公が狭いアパートの中でどんどん巨大化する屍体の始末に窮する、という不条理劇。

〔31〕ラビ・エリエゼル　Rabbi Eliezer (Eliezer b. Hyrcanus)　紀元一—二世紀頃のタンナ。「大エリエゼル」とも称される。ヨハナン・ベン・ザカイ門下の逸材で、師は「もしイスラエルのすべての賢者をはかりの一方に置き、エリエゼル一人を他方に置いたとしても、彼の重みがまさる」と評した。その超人的記憶力は「一滴の水も漏れない水槽」に比された。一瞬の時も惜しんで学習し、師から学ばなかったことはひとことも口にしなかった。第二神殿の破壊後の学院の再興、ローマとの交渉にも携わり、門下からはアキバら俊才を輩出した。

「アクナイのかまど」をめぐる論争とその悲劇的な結末は彼に関する非常によく知られた逸話である。

〔32〕 問題になっているのは「アクナイのかまど」(the oven of 'Aknai) と呼ばれるもので、分離された材料の隙間に砂を詰めて造ったもので、これを単体とみるか合成体とみるかで議論が対立した。エリエゼルはこのかまどを「合成体であるがゆえに不浄である」と主張し、他の賢者たちはこれに反対した。

〔33〕 トセフタ Tosefiah ミシュナー撰外のタナイームたちの教えを収録した伝書。原義は「追加、補足」。タルムード本文中での引用頻度はバライタよりも少ない。

〔34〕 バル・コクバの乱 la révolte de Bar Kochba イスラエルの民のローマ帝国に対する最後の蜂起(一三二—一三五年)。「バル・コクバ」は「星の子」の意味で「救世の王」の別称。(「ヤコブから一つの星が上がり(……)すべての騒ぎ立つ者の脳天を打ち砕く」『民数記』二四・17。) バル・コクバの個人的経歴はほとんど知られていないが、自ら天から遣わされた解放者と信じ、「ナシー・イスラエル」と号した。反乱は全土に広がり、一時ローマ帝国を脅かしたが、三年余の戦いののちに潰滅させられた。

〔35〕 ヨム・キプール Yom Kippour 大贖罪日。ティシュレーの月の一〇日。すべてのユダヤ教徒は罪の赦しを願って一日断食する。

〔36〕『列王記Ⅱ』二・12。

第四講　そして神は女を造り給う

「ベラホット」61a〔1〕

【ミシュナー】

ラヴ・ヒスダの息子、ラヴ・ナフマンはこう教えた。「なぜ、『こうして神である主はひとを形造った』（『創世記』二・7）の中で『形造った』（ヴァイツェル）は二つのヨッドを用いて書かれているのであろうか。聖なるお方——そのお方は祝福されてあれ——は二つの性格をお造りになったのである。よい性格と悪い性格を。」ラヴ・ナフマン・バル・イツハクはこれに異議を唱えた。「もしそうであるならば、動物を『形造った』（ヴァイツェル）時にはヨッドが一つしかない（『創世記』二・19）のであるから、動物には悪い性格がないはずである。しかるに私たちは動物が害をなしたり、噛んだり、蹴ったりするのを見ている。」

それゆえ（この二つのヨッドを解釈するためには）ラヴ・シモン・ベン・パッジがしたように解釈しなければならない。というのはラヴ・シモン・ベン・パッジはこう言ったからである。「造物主ゆえに私に禍あれ、悪しき性格ゆえに私に禍あれ。」あるいはまたラヴ・イルミヤ・ベン・エレアザルが解釈したように解釈しなければならない。というのはラヴ・イルミヤ・ベン・エレアザルはこう言ったからである。「聖なるお方——そのお方は祝福されてあれ——は最初の人間のうちに二つの顔をお造りになられた。というのも、こう書かれてはいないだろうか（『詩篇』一三九・5）。『あなたは前から後ろから私を取り囲み（ツァルタニ）、御手を私の上に置かれました。』」

「こうして神である主は、ひとからとった『肋骨』を一人の女に造り上げた（文字通りには『女に建てた』）」（『創世記』二・22）。ラヴとシュムエルは議論した。一人は言った。「それ（肋骨）は顔である。」もう一人が言った。「それは尾である。」「それは顔である」と言った者にとっては、「あなたは前から後ろから私を取り囲み」

というテクストは問題のないものである。しかし「それは尾である」と言った者にとって、このテクストはどう整うのだろう。

彼はラヴ・アミと同じように考えているのだと認めねばならない。というのはラヴ・アミはこう言っているからだ。「『後ろから』というのは『最後に造られた者』を意味し、『前から』というのは『最初に罰せられるべき者』を意味する。」

「最後に造られた者」については問題はない。というのは人間は安息日の前日になってはじめて造られたからである。しかし「最初に罰せられるべき者」という場合、この罰は何のことを言っているのだろうか。蛇の話のあとで課せられた罰のことだろうか。さて私たちには次のようなトセフタがないだろうか。

ラヴは言った。「高い位につける時は大きい者から始め、呪う時には小さい者から始める。高い位につける時は大きい者から始める。というのはこう書かれているからだ（『レビ記』一〇・12）。『モーセはそこでアロンとその生き残っている子のエレアザルとイタマルに言った。《主への火によるささげ物のうちから残った穀物のささげ物を取り、パン種を入れずに祭壇のそばで食べなさい。これは最も聖なる物であるから。》』呪う時には小さい者から始める。というのは最初に呪われたのは蛇で、以下エバ、アダムと続くからだ。それゆえ制裁において人間が最初に来るのは大洪水の場合だけである。というのは、こう書かれているからだ（『創世記』七・23）。『こうして主は地上のすべての生き物を、ひとから獣まで消し去られた。』はじめに人間、それから獣である。」

「肋骨」とは顔のことであると言う者はヴァイツェルの二つのヨッドと整合する（『創世記』二・19）。では「肋骨」とは尾のことであると言う者は、どうやってヴァイツェルの二つのヨッドとつじつまを合わせるのだろう。この場合はラヴ・シモン・ベン・パッジの教えにしたがう必要がある。というのはラヴ・シモン・ベン・パッジは、ヴァイツェルの二つのヨッドは「私の造り主ゆえに私に禍あれ、私の悪しき性格ゆえに私に禍あれ」を意味すると言ったからである。

「肋骨」とは顔のことである、と言う者は「主は男と女を同時に造られた」(『創世記』五・2)というテクストと整合する。では「肋骨」とは尾のことであると言う者は、どうやって「主は男と女を造られた」とつじつまを合わせるのであろう。この場合はラビ・アバフの教えにしたがう必要がある。というのはラビ・アバフはこう異議を唱えたからである。「こう書かれている。『男と女を創造された』(『創世記』五・2)。さらにこう書かれている。『男は神のかたちに造られた』(『創世記』九・6)。どうしてこんなことが可能なのであろうか。主ははじめ人間を二人造ろうとお考えになった。そして結局一人だけお造りになったのである。」

「肋骨」とは顔のことであると言う者は次のテクストと整合する。「主はそこのところの肉をふさがれた」(『創世記』二・21)。「肋骨」は尾だと言う者はどうやってつじつまを合わせるのであろう。ラヴ・エレミヤ、ある説によればラヴ・ゼビド、ある説によればラヴ・ナフマン・バル・イツハク、はこう教えた。「肉は傷口の場所にしか必要ではなかった。」

「肋骨」とは尾のことであると言う者は次の定式と整合する(『創世記』二・22)。「神である主は男から取った肋骨で一人の女を造り上げた。」「肋骨」とは顔のことであると言う者はどうやってつじつまを合わせるのであろう。この場合はラビ・シモン・ベン・メナシアにしたがう必要がある。ラビ・シモン・ベン・メナシアはこう教えた。「『主は肋骨から女を造られた』というテクストはこう解されねばならない。聖なるお方——そのお方は祝福されてあれ——はエバの髪を編み、アダムのもとに連れて行ったのである。というのは海の彼方の国では『編んだ髪』のことをブナイタ(建物)と言うからである。」別の説明によればこうだ。ラヴ・ヒスダは言った。(あるバライタの中で教えられているという説もある。)「聖なるお方——そのお方は祝福されてあれ——はエバを小麦の倉庫のようにお造りになられた。というのは、小麦の倉庫は上にゆくにしたがって狭くなり、下にゆくにしたがって、収穫物を入れるために広くなるが、同じように女も上は狭く、下は子供を宿せるように広くなっているからである。」

「そして主は女を男のところに連れてこられた」(『創世記』二・22)。ラヴ・エレミヤ・ベン・エレアザルは言った。「これが意味するのは、聖なるお方——そのお方は祝福されてあれ——はアダムの新婚の介添え役をしたということである。トーラーは我々に行動の規範を教えているが、それによると、年長者は年少者の新婚の介添え役を快く引き受けなければならない。」

「肋骨」は顔のことであると言う者たちにしたがうならば、どちらが先に立って歩くことになるのか(女の側か、男の側か)。ラヴ・ナフマン・ベン・イツハクは言った。「男が先に立って歩くという方が理にはかなっている。というのはこういうバライタが存在するからである。路上において、男は、たとえそれが自分の妻であっても、決して女のあとを歩いてはならない。橋の上にいる場合には、女を自分の横にかたわらにしていなければならない。誰であれ浅瀬を渡る時に女を先に行かせるような男は、未来の世界の恩沢に浴すことはできない。」

こういうバライタが存在する。「女をじろじろみつめる機会を得るために、手から手へ金を渡す男は、たとえトーラーにしたがって生き、我らが師モーセのごとく善行を積んでいても、地獄の罰を逃れることはできない。というのはこう書かれているからである(『箴言』一一・21)。『確かに、悪人は罰を免れない(字義通りには《手から手へ、悪人は罰を免れない》)。だからそのような者はそれにふさわしい地獄の罰から逃れることはできないのである。』」

ナフマンは言った。「マノアはアム・ハアレツ(無教養の者)である。というのはこう書かれているからである。『マノアは立ち上がって妻のあとについて行った』(『士師記』一三・11)。」ラヴ・ナフマン・バル・ヨセフはそれに異議を唱えた。「それではエルカナも同じ扱いをしなければならない。こう書かれてはいないだろうか。

『そしてエルカナは彼の妻のあとについて行った。』またエリシャについてもそうである。こう書かれてはいないだろうか（『列王記Ⅱ』四・30）。『そこで彼は立ち上がり、彼女のあとについて行った。』だからこの場合、この語は文字通り『あとについて行く』のではなく、『その女の言葉、忠告にしたがって行動する』と解さなければならないのである。だからマノアについても同様である。」

ラヴ・アシは言った。「ラヴ・ナフマンが言おうとしたのは、マノアは初学者の学校にさえ行ったことがない、ということである。というのはこう書いてあるからだ（『創世記』二四・61）。『リベカとその侍女たちは立ち上がり、らくだに乗ってそのひとのあとについて行った。』そのひとのあとについて行ったのであり、先に立ったのではない。」

ラビ・ヨハナンは言った。「ライオンの後ろについて行く方が女の後ろについて行くよりはましである。女の後ろについて行く方が偶像崇拝者の後ろについて行くよりはましである。偶像崇拝者の後ろについて行く方が、共同体の人々が祈っている時にシナゴーグの後ろに（入口の反対側に）いるよりはましである。

ただし、この最後の点について言えば、何の重荷も担うことなしにいるひとには関係のないことである。もし重荷を担っているひとであれば事情はちがう。またそれは他に入口がない場合にしか当てはまらない。もし他に入口があるのであれば事情はちがう。またそれはそのひとが驢馬の背中に乗っていない場合にしか当てはまらない。もしそのひとが驢馬の背中に乗っていたら事情はちがう。またそれはそのひとがテフィリンをつけていない場合にしか当てはまらない。もしそのひとがテフィリンをつけていれば事情はちがう。」

《そして神は女を造り給う》

講話を始めるに当たって、例によって例のごとき言い訳を申し上げます。「タルムード講話」という大仰な題名の下に、今回もまたアガダーの一テクストを選んで註解を加えることになりました。正統的なタルムーディストが多くお集まりの前でこのようなテクストについて何ごとかを語るというのは、私にとって余りに荷の重いことです。ほんとうならばそのような方々にこそ、私に代わってお話し頂くべきなのです。ご宥恕を伏してお願いする次第です。

テクストの主題は女性です。テクストは「人間」(humain) ――男性 (masculin) と女性 (féminin) の種別化を越えた「人間」のことです――に関する二つの意見陳述から開始されます。冒頭から問題になっているのは「男＝人」(homme) の中の一種の二重性、それと「人間」とは何かを定義しようとする試みです。このような定義の試みの光に照らしてはじめて私たちは男性と女性について論じることができるようになるでしょう。

最初にはこう書いてあります。読んでみることにしましょう。

《二つの性格》

ラヴ・ヒスダの息子、ラヴ・ナフマン[2]はこう教えた。「なぜ、『こうして神である主はひとを形造った』(『創世記』二・7) の中で『形造った』(ヴァイツェル) は二つのヨッドを用いて書かれているのであろうか。」

私たちは今大会で論ずべき問題群からひどく遠いところに来てしまったように思われます。[1][3] いきなり綴り方の問題が出てきました。「形造る」を意味する「ヴァイツェル」にはなぜヨッドが二つあるのか。ことは人間の創造にかかわります。良識家たちの敬虔で善良な思考は何を見ても動ずるということがありません。せめてこの表記上の異常さが彼らの思考を深い省察へと誘ってほしいものです。問いはこのように立てられます。「人間は花瓶でも造るように創造されたのであろうか。」最初の答えに耳を傾けてみましょう。

「聖なるお方――そのお方は祝福されてあれ――は二つの性格をお造りになった。よい性格と悪い性格である。」

慣例にならってここを私は二つの「性格、傾向」(penchant)と訳しました。「イェツェル」とは「性格」と訳すことができますが、ここでは「被造物」を意味しています。証拠をお眼にかけましょう。『イザヤ書』二九・16です。そこにはこう書かれています。「造られたもの(イェツェル)が造り主に対して『あなたは理解していない』と言う。」ここでの「イェツェル」が「性格」ではなく「被造物」を意味していることはあきらかです。[4]

ですから最初の答えの意味は次のようになります。「人間の創造は全く特別なものである。というのも主は一人の人間を造りながら、一つの被造物のうちに二つの被造物を造ったからである。それらは二つで一つのものである。」ここでは、ですから女性のことは問題になってはいません。女性のことはこの三つの陳述の最後になってはじめて論議の対象となるでしょう。さて、では人間とは何なのでしょうか。それは一個の存在者であるために、一つでありながら同時に二つである、という事態を指します。自分の実体のただ中において分裂し、引き裂かれていること。あるいはもっと単純化して言えば、意識と選択のことです。つまりこうです。実存は四つ角にいて、相互排除的、相互対立的な二つの可能性、二つの趨勢の間に立っているのです。その時には意識と自由（すなわち理性）が人間の定義となるでしょう。

これに対して次の発言が異議を唱えます。

ラヴ・ナフマン・バル・イツハク[5]はこれに異議を唱えた。「もしそうであるならば、動物については主がこれを『形造った』（ヴァイツェル）とあるが（『創世記』二・19。ここにはヨッドが一つしかない）、これは動物は悪い性格とよい性格を持っていないということを意味することになりはしまいか。しかるに私たちは動物が害をなしたり、噛んだり、蹴ったりするのを見ている。」

この議論が何を言わんとしているのかを理解するためには、註解者の立場に立ってみることが必要です。確かに動物は噛んだり、後脚で蹴ったりすることがあります。けれども同時に言うことをよく聞いて、働いてくれることもあります。となれば、動物にも選択と意識があることにはならないでしょうか。それでも、私たちは意識と理性が人間を人間たらしめているのだ、と言いうるでしょうか。この異議をさらに進めてゆくと、こういうことになります。もし、人間が理性的動物であり、また獣性にも理性が接合可能であるとすれば、獣性と理性の間には乗り越え不能の距離、両立不能性は存在しないことになります。理性は獣性と本能にも奉仕していることになります。事実、こういうふうにして、神とすべての生物の間の契約に関する聖句の意味を理解することもできるわけです。けれども、人間とそれ以外の生物の間の分岐点は、意識のあるなし以外のところに求めるべきではないでしょうか。

第二の発言は人間についての次のような新たな定義を以て結ばれます。

それゆえこの二つのヨッドを理解するためには、ラヴ・シモン・ベン・パッジ〔6〕がしたように解釈しなければならない。というのはラヴ・シモン・ベン・パッジはこう言ったからである。「造物主ゆえに私に禍あれ、悪しき性格ゆえに私に禍あれ。」

《服従》

「ヴァイツェル」（vayitzer）は「ヴァイ」と「イツェル」に分割することができますが、その場合には「被造物に禍あれ」の意味になります（「ヴァイ」というのは「エラース」（hélas）と同じく絶望や苦悩を表わす間投詞です。ユダヤの民衆的な言葉遣いで、後年とくにイディッシュに見られます）。ですから「ヴァイツェル」は「被造物に禍あれ」の意味になるのです。私が私の「造物主」にしたがっている時の私に禍あれ（といいますのは、私の「造物主」にしたがいながら、私は絶えず自らの被造物としての本性によって心乱されているからです）。また私が私の被造物としての本質にしたがっている時、私のさまざまな性格にしたがっている時の私にも禍あれ（といいますのは「造物主」の思考すなわち「律法」は、私が罪を犯すことを享受するのを妨げるからです！）私はここでも二つに引き裂かれています。ただし今度は、さきほどのように右と左にではなく、上と下に引き裂かれているのです。今度の場合、とりわけ人間的な事態とは、私の「造物主」、すなわち「あの方」が私にお与え下さった「律法」と実存の間に私がとらえられているという事態です。ここで言う「実存」とは、被造物が求めてやまぬ至福への欲望、パスカルが貪欲（concupiscence）と呼んだもの、私たちであれば広い意味での性愛（érotique）と呼ぶであろうものを指しています。被造物は被造物として規定されている限り満足を知りません。満ち足りるということが人間にはないのです。劇的なる実存は複数の欲望の選択肢のうちのどれを選ぶかを迷って引き裂かれているのではないのです。そうではなくて、実存は、私に与えられた「律法」と、強制されぬ限り決して「律法」にはしたがうことのできない私の本性の間の緊張関係のうちにあるのです。人間を人間たらしめているもの、それは自由ではありません。それは「服従」なのです。「律法」と本性の間、「造物主」と被造物の被規定性の間に引き裂かれて人間であること、それは対立する情念の間で身を裂かれるのと同じくらいに劇的なことです。しかし三番目の意見はこう述べます。

あるいはまたラヴ・イルミヤ・ベン・エレアザル[7]が解釈したように解釈しなければならない。というのはラヴ・イルミヤ・ベン・エレアザルはこう言ったからである。「聖なるお方――そのお方は祝福されてあれ――は最初の人間のうちに二つの顔をお造りになった。というのも、こう書かれてはいないだろうか（『詩篇』一三九・5）。『あなたは前から後ろから私を取り囲み（ツァルタニ）、御手を私の上に置かれました。』」

《すべては開かれている》

最初の人間のうちに二つの顔。ただし、それは、あとで検証するとおり、ヤヌス[8]ではありません。印象的なのは、この二つの顔について語りながら、ラヴ・イルミヤ・ベン・エレアザルが『創世記』の冒頭の「主は人間を男と女に造られた」と語られている部分を引用しようと考えなかったことです。ということは、ここで言われている人間の二つの顔は、男女の二つの顔とは全く関係がないということになります！　タルムードの博士たちは『創世記』ではなく『詩篇』の一三九・5を引きます。ということは、ここで引用された聖句が、「彼は造った」（ヴァイツェル）という語が人間の創造を指す場合に限って二つヨッドを持つという綴り上の異常が何に由来するかを説明しているはずなのです。

私がこれまでいつもしたがってきた方法（それが完全なるタルムーディストに承認されるかどうかは存じません。私はきわめて不完全なタルムーディストなのです）は次のようなものです。ある聖書の章句が論証の代わりに引用されている場合、文法的整合性を全く度外視して引用されているそのテクストそれ自身のうちに、タルムードの博士たちが自説の直接的な証拠を求めていることはまずありえないということ、これです。このような引用はその引用聖句がどういう文脈のうちに置かれているかを探索せよという指示なのです。

『詩篇』一三九は美しい詩篇です。「主よ。あなたは私を探り、私を知っておられます。(……)私の行うすべてのことを知っておられます。言葉が私の舌にのぼる前に、あなたはことごとくそれらを知っておられます。」そして問題の第五節に進むのです。「あなたは前から後ろから私を取り囲み、御手を私の上に置かれました。(……)私はあなたの御霊から離れてどこへ行けましょう。私はあなたの顔を逃れてどこへ逃げることができましょう。たとえ私が天に上っても、そこにあなたはおられ、私が黄泉に床を設けても、そこにあなたはおられます。私が暁の翼を駆って、海の果てに住んでも、そこでも御手が私を導くでしょう。」

つねに神の御手が私をとらえ、私を導くのです。神から逃れることはできません。眠ることのない神のまなざしから身を隠すことはできません。神のまなざし、それは凶運として自覚されるのではありません。ラシーヌのフェードルが経験するまなざしの恐怖とは別のものなのです。

天空、宇宙の全体が私の祖先たちで埋めつくされている。
どこに私は隠れることができよう。地獄の闇のうちに逃れよう。
しかし私はなんと言おう。父がそこでは命の壺を持っている。[9]

たしかに、『詩篇』でも神の臨在は、神に取り囲まれていること、あるいは神につきまとわれていることを意味しています。しかしこの強迫観念は選びとして自覚されているのです。その続きを読んでみれば分かります。「たとえ私が『おお、闇よ私を覆え、昼の光よ私にとっての夜となれ』と言っても、あなたにとっては闇も暗くなく、夜は昼のように明るいのです。それはあなたが私の内臓を造り、母の胎のうちで私を組み立てられたからです。私は感謝します。あなたが私をかくも見事なまでに卓越したものとしてお造りになられたことを。」

言いかえれば、人間の人間性とは自閉性（intériorité）の終焉、主体の終焉であるということになりましょう。すべては開かれているのです。私はどこにいても神のまなざしに貫かれ、神の御手に触れられているのです。であればヨナがなぜ自らに課せられた使命から逃れ切ることができなかったのかも分かるはずです。これが「二つの顔を持つ」ということの意味なのです。もし顔が一つしかなければ、私には後頭部があることになり、そこに私のさまざまな下心や心的なこだわりが蓄積することになります。つまりそこに私の思考はすべて逃避することができるわけです。ところが、後頭部の代わりに第二の顔があるのです！　すべては外部にさらされており、私のうちにあるすべてのものは外部に対峙し、外部からの呼びかけに応えねばなりません。私は、私の罪ゆえに、私を凝視し、私に触れる神から身をもぎ離すことができぬのです。「悪」とは、神との絶縁の最後の頼みの綱、無神論の逃げ込むべき最後の砦なのですが、これとて絶縁を果たすことはできません。というのは『詩篇』一三九によれば、この砦には防壁がないからです。神は罪によって闇を貫いてしまうのです。神はあなたたちを離しません。離してもすぐに再びとらえてしまうのです。あなたたちはいつでも、何の遮蔽もなく、身をさらしているのです！　しかしその時、あなたたちは喜びのうちに見出された、歓喜の『詩篇』のうちにいるのです。というのも、この『詩篇』が歌っているのは神が身近にあることの高揚感だからです。一片の暗がりもなくさらけ出されているありようだからです。

それればかりではありません。この第二の顔にまつわる譬えにはもう一つの意味があります。これもまだ女性には関わりません。女性の顔が登場するのは、もう少し先に行って、「連続する顔」（それは第一義的には人間の純粋な人間性を意味します）という考え方が出てきてからです。つまり、女性的なるものの意味があきらかになるのは、人間一般の本質があきらかになってからなのです。「イシャー」は「イーシュ」から派生するのです。男性的なるもの（le masculin）から出発して、女性的なるもの（le féminin）にいたるのではなく、人間的なるもの（l'humain）から出発して、女性的なるものと男性的なるものの分割、分岐にいたるのです。「男性と女性は相補的である」という命題は具体的には何も言っていないのと同じことです。それは怠惰な言葉に過ぎません。もしあらかじめ「全体」（tout）という理念の中に、二分割することの必然性と意味とを看取していたのでないとしたら。わが友ジャンケレヴィッチがさきほど口にした「嵌め込み」（emboitement）という言葉が何を言わんとしたものであるか、私には確言できませんけれども、おそらく彼は相補性の形式的な理念以上のことを言おうとしていたであろうと拝察します。〔10〕

《他者》

ラヴ・イルミヤ・ベン・エレアザルが『詩篇』一三九について語った言葉のうちに私たちが見出した意味をもう一度よく検討してみましょう。神学的な形象を剝ぎ落として眺めてみましょう（ものを読む時には、私たちに向かって語りかける記号の形象だけを見て満足してはなりません。Aという文字を見て、その文字が描き出す屋根のような形象だけを見てそれでよしとするわけにはいかないのと同様です）。神によって命を与えられた、この人間という存在様態が、神のアレゴリーたる似姿でないとしたら、一体それは何を意味するのでしょうか。神の眠ることなきまなざしの下にいること、それはまさしく、私が自分という一つの完結したまとまりのうちにありながら、同時にもう一つの「別の」主体の担い手であること、担い手であり、支え手であること、この他者に対して有責であることを意味します。あたかも他者の顔が、不可視でありながら私の顔に対峙しており、その不可視性ゆえに、その恐るべき予見不能性ゆえに、私を間断ない覚醒の状態にとどめおくかのように。「一個」にして代替不能の主体の統一性は、この他者、いかなる近接性よりも近しく、にもかかわらず未知なるものである他者、に対する有責性を忌避しえぬような立場に置かれているのです。人間存在の本質的な様式とは、その存在を守る皮膚を失い、剝き出しの状態にさせられること、皮膚そのものがまるごと顔となること、これです。自我を中心とする核性であるはずの一個の存在が、一種の非核化を経験し、核を喪失しているがゆえに、他者と対話するなどというよりも先にまず「他者のための、他者の身代わりのもの」（pour l'autre）であるかのような状態、といえばその趣がお分かりになるでしょうか。

ですから人間性がこのような境域にまで自分を露出するのは対話においてではありません。露出のためには二つの顔を持つ頭部が必要です。綜合とも共時性とも無縁な統一性のうちにある奇妙な人間の頭部。そこにこそ他者に対する私の有責性が書き込まれているのです。にもかかわらず私と他者、私たちは、相互に相手の眼の中に自分の姿を映し見ることによって、容易に相互に同じ行為を交換し合うことのできる二項的相関関係を形成するわけではありません。さて、相互に同じ行為を交換し合うことのできないこの奇妙な二元性こそが、性差を指示するものではありますまいか。かくして人間のうちに女性が登場することになります。社会性が性愛の出現を促すのです。

《かたわら、あるいは肋骨》

テクストの続きを読んでみましょう。

こうして神である主は一人の女を造り上げた。

さて、フランスのラビたちの翻訳にしたがえば、(この翻訳は最良のものです) 文字通りには「主がひとからお取りになった肋骨を女に建てられた」となります。大論議はここから始まります。

ラヴとシュムエル[11]は議論した。一人は言った。「それは顔である。」(つまりその名高い肋骨とは顔であった、と。）もう一人は言った。「それは尾である。」

「尾」というのはつまり付属物ということです。どうでもいいもの、肋骨に比べれば何ほどの価値も持たぬもの。脊椎下部の椎骨の一つで、もはや肋骨を支える役目を持たない最後の椎骨、それが尾です。いずれの論者の場合も、女性が単なる人間の雌性ではないこと、女性が人間の一部であることは確かに共通しています。女性は人間から直接造られたのです。最初の博士の説によれば、女性は厳密には男性と創造の時期を同じくしています。その反論者の説によれば、女性の創造のためには新しい創造の営みが必要であったということになります。

では対論者たちはどんな点で対立しているのでしょう。肋骨とは顔のことである、と考えているひとは女性と男性の間の完全な平等を念頭に置いています。男性と女性を結びつけるすべての関係は等しい尊厳を有すべきである、と彼は考えます。人間の創造はある単一者のうちに二つの性を創造することでした。性的な差異と性的な関係は「人間」の本質的内容に属するのです。では、肋骨のうちに尾しか認めないひとはどう思っているのでしょうか。男性から取り上げられたこの小さな肉と骨の断片がどうなったか、彼が知らないはずはありません。彼は神が男性を創造する手を中断して、それから一人の人格をお造りになったことを知っています。ということは、彼もまた女性が自然の進化を経由して、男から失われた骨を基にして、この世界に誕生したのではない、と考えていることになります。彼は女性が真の創造行為の成果であることを知っています。けれども二つの創造行為の成果であるこの二つの存在の間に成立する人格的関係を広い視野で見た場合、女性的特殊性は二次的なことがらに過ぎない、と彼は考えているのです。女性が二次的である、ということではありません。女性との関係が二次的であると言っているのです。「女性としての女性」との関係は第一次的なことではないと言っているのです。最も基本的なのは、人間的存在としての男性と人間的存在としての女性がなし遂げるさまざまな仕事です。彼らには甘い言葉をささやき交わすこと以外の任務があるのです。性差ゆえに成立する諸関係に自らを限定することなく、それ以外の、それ以上の任務を果たすべきなのです。性的な限定を解放しさえすれば、それだけで人類の尊厳にふさわしい転回が起こるわけではありません。女性はダンテにとってベアトリーチェがそうであったように、霊的生活の絶頂をなすものではないのです。私たちをより高い地点へと導いてゆくのは「永遠に女性的なるもの」ではないのです。

私は『箴言』の最終節に、そこで歌われている女性に思いをはせます。彼女は男たちが生きることを可能にし、男たちの家となります。けれども夫は家の外に生活を持っています。彼は都市の「会議」に出席します。彼には公共的な生活があるのです。彼は普遍的なものに仕えます。彼は内部性、親密性、定住性に自己を限定しません。にもかかわらず、それがなければ、彼は何一つできはしないのです。

《すべての他者に対して有責であること》

しかし、まだまだ問題は片付いたわけではありません。

「それは顔である」と言った者にとっては、「あなたは前から後ろから私を取り囲み、御手を私の上に置かれました」というテクストは問題のないものである。しかし「それは尾である」と言った者にとって、このテクストはどう整うのだろう。

彼はラヴ・アミと同じように考えているのだと認めねばならない。というのはラヴ・アミはこう言っているからだ。「『後ろから』というのは『最後に造られたもの』を意味し、『前から』というのは『最初に罰せられるべきもの』を意味する。」(12)

女性は、女性であるからという理由で、霊性の一方の極をなすものではないと主張すること。愛は、私たちの詩や文学を支配してはいますけれど、「霊」と同格のものではないと主張すること。そのように読むならば、『詩篇』一三九・5は女性に全く言及していないではないか、という異議をしりぞけることができるはずです。ラヴ・アミの『詩篇』解釈には、私たちがここまでに検証してきた命題に通じるものがあります。つまり、人間は最後の被造物であり、世界に最後にやって来たものであり、被造物の後衛である、と彼は言っているのです。つまり、この世界は人間が計画したり望んだりして出来たものではありません。人間がその始まりに立ち会ったものでもありません。この世界は人間の創造的な自由の所産ではないのです。人間はすでに完全に出来上がっていた世界に到来したのです。にもかかわらず人間が最初に懲罰を受けなくてはならないのです。自分がしたわけではないことについてさえ有責なる者、それが人間です。被造物の人質であるがゆえに、人間は宇宙に対して有責です。

人間の自由意志に責めを帰すべきではない領域にまでわたって、人間は前から後ろから締めつけられています。人間が望んだわけではないもの、その自由意志から生じたわけではないもの、それについて人間は責任をとれと迫られているのです。

ラヴ・アミの解釈はそれゆえ人間を「すべての他者に対する」責任のうちに置きます。この解釈はさきの命題とぴたりと重なり合うものです。その命題によれば、女性は、その性的特殊性において、男性あるいは人間のわずかな分節化に基づいて誕生したということになっています。他者との関係において、前置詞「とともに」(avec) は前置詞「のために、の身代わりに」(pour) へと転換します[13]。「私は『他者とともに』ある」が意味するのは「私は『他者のために、他者の身代わりとして』ある。他者に対して有責である」ことです。ここにおいて、あるがままの女性は二次的でしかありません。女性と男性は、正統的人類の資格において、有責者として協力しあうのです。性的なるものは人間の付属品にすぎないのです。

はっきり言えばこういうことです。家族を破壊し、鎖につながれた性的欲望を解放することによって革命はその絶頂に達する、という考え方があります。性的水準において真の人間解放を成就するという主張があります。ここでは、そういった考え方が批判されているのです。ほんとうの「悪」はそんなところには、おそらくないのです。精神分析が病状のうちに発見するような「悪」は、裏切られた有責性によって、あらかじめ決定されているのです。リビドー的関係だけでは人間の「プシュケー」(psyché)[14]の神秘を説明し切ることはできません。フロイト的コンプレックスのうちに絡み取られたさまざまな葛藤の激しさを説明できるのは、人間性なのです。リビドー的欲望の激しさだけで魂の作用を説明することはできません。このことを私たちのテクストは闡明しているというのが私の意見です。

「最後に造られたもの」については問題はない。というのは人間は安息日の前日になってはじめて造られたからである。しかし「最初に罰せられるべきもの」という場合、この罰は何のことを言っているのだろうか。蛇の話のあとで課せられた罰のことだろうか。さて、私たちには次のようなトセフタがないだろうか。

ラヴは言った。「高い位につける時は大きい者から始める。呪う時には小さい者から始める。高い位につける時は大きい者から始める。というのはこう書かれているからだ（『レビ記』一〇・12）。『モーセはそこでアロンとその生き残っている子のエレアザルとイタマルに言った。《主への火によるささげ物のうちから残った穀物のささげ物を取り、パン種を入れずに祭壇のそばで食べなさい。これは最も聖なるものであるから。》』呪う時には小さい者から始める。というのは最初に呪われたのは蛇で、以下エバ、アダムと続くからだ。それゆえ制裁において人間が最初に来るのは大洪水の場合だけである。というのはこう書かれているからだ（『創世記』七・23）。『こうして主は地上のすべての生き物を、ひとから獣まで消し去られた。』はじめに人間それから獣である。」

まずテクストの文字通りの意味から解説してゆきましょう。引用されたトセフタは人間の有責性が最初にくることに異議を唱えます。原罪ののち、最初に呪われたのは蛇ではなかっただろうか。なるほど、そう言われれば、そのとおりです。懲罰が最も位の低い者にまず課せられること（はじめに蛇、それからエバ、アダムの順）、報償は最も位の高い者から与えられること、これは認めることができるでしょう。確かに、アロンとその息子たちを祭司職に上げる時、モーセがまず名指したのはアロンでしたから。けれども正的な応報と負的な制裁の間のこの差別は、人間が最初に責任を引き受ける場合、いかなる原則に準拠すべきであるかをあやふやなものにします。それゆえゲマラーは、罰がまず人間に課されるのは大洪水のような状況に限ると答えるのです。『創世記』七・23ではまず人間が挙げられるからです。

　しかし、引用された三つの例に出てきた行為がどんなものであったのか、今一度仔細に点検してみましょう。

　アロンを祭司職に上げる根拠となった功績と、蛇の上に呪いをもたらすことになった過ちは、主に対する功績であり、過ちであります。大洪水の理由はそうではありません！　ラビ的伝承と聖書のテクストはこれについては一致しています。洪水の原因は人間と獣の不正義と性的堕落でありました。ここでは倫理的な「悪」によって他者が受苦しています。問題は人間と獣がまとめて扱われていることです。つまり「悪」は人間と獣のこの渾然一体状態のうちで被造物を苦しめたのです。この退廃した世界に対して、人間がまず最初に責任を引き受けました。この時、人間を人間たらしめているもの、それは自由ではなく、あらゆるものに率先して引き受けられた責任です。そもそも「悪」を始めたのが人間か、獣かなどという詮索はするに及ばないのです。人間は自分の意志で行った行為以外のことについてさえ有責です。人間は世界の人質なのです。それこそが人間の際立った尊厳です。限りなき責任……人間はその成員に有限責任を求める社会には属しません。人間は無限責任を求める社会に属しているのです。

では一体ラヴは私たちに何を教えようとしていたのでしょう。

《霊はどこに》

ラヴが教えようとしているのは、私たちの責任のもう一つの別の側面です。責任が他者にかかわらない場合なら、犯した過ちについて、情状酌量の余地があります。また功績を称えるに際しては、そのひとがどのような地位に就いていたのかを勘案し、慣行に委ねるべきものはそうすべきです。しかし、他者に対する責任の履行義務は無条件の厳しさをもって要請されます。

肋骨とは顔のことである、と言う者はヴァイツェルの二つのヨッドと整合する（『創世記』五・2）。では肋骨とは尾のことである、と言う者は、どうやってヴァイツェルの二つのヨッドとつじつまを合わせるのだろう。この場合はラヴ・シモン・ベン・パッジの教えにしたがう必要がある。というのはラヴ・シモン・ベン・パッジは、ヴァイツェルの二つのヨッドは「私の造り主ゆえに私に禍あれ、私の悪しき性格ゆえに私に禍あれ」を意味すると言ったからである。

この言葉の意味をご説明しましょう。女を創造するためにアダムから取られた肋骨は人間のかたわら（つまり顔）であるとする説によれば、ヴァイツェルの二つのヨッドはアダムにおける男性的なるものと女性的なるものの二重性を暗示するものと解釈することができます。けれども肋骨を人間の身体のどこかにある付属的な突起（これを一応私たちは「尾」と訳しているわけですが）であると理解する説によればどうなるのでしょう。答えはこうです。「その説を唱える者はラビ・シモン・ベン・パッジの解釈にしたがっているのである。」ラビ・シモン・ベン・パッジの解釈というのは、上で私たちが見てきたとおり「人間はその被造物としての本性と、造物主から彼に与えられた『律法』の間で、引き裂かれている」という見解のことです。その説によるならば、通俗的な意味での性的関係は、人間にとって、「偶発的事件」でしかありません。すなわち、人間の霊的生活の真髄は、本性と「律法」の間で引き裂かれた実存のバランスへの気遣いのうちに存する、ということです。大ざっぱに言えば、文化はリビドーによって決定されてはいない、ということです。

それればかりではありません。人間の人間性とどう関係するのかの微妙な差異によって男性と女性が分割される、とする見解は別の展望につながってゆきます。

「肋骨」とは顔のことであると言う者は「主は男と女を同時に造られた」（『創世記』五・2）というテクストと整合する。では「肋骨」とは尾のことであると言う者は、どうやって「主は男と女を同時に造られた」とつじつまを合わせるのであろう。[15]

この場合にはラビ・アバフの教えにしたがう必要がある。というのはラビ・アバフはこう異議を唱えたからである。「こう書かれている。『男と女を創造された』(『創世記』五・2)。さらにこう書かれている。『男は神のかたちに造られた』(『創世記』九・6)。どうしてこんなことが可能なのであろうか。主ははじめ人間を二人造ろうとお考えになった。そして結局一人だけお造りになったのである。」

もしも肋骨が「片側」を意味するのであれば、女性の顔は、最初の人間において、男性の顔と対等です。その場合であれば、私たちは「主は男と女を同時に造られた」という聖句の意味を了解することができるでしょう。[16] 男の微少な分節化から女が創造されたという意見と、女は男と対等に、男の「もう一つの側」として創造されたという素晴しい意見とが同じ価値を持つというようなことがありえましょうか。

けれどもこの探究において、重要なのは聖句が両立可能か矛盾しているかの詮索ではありません。テクスト間の整合性ではなく、それらのテクストの無数の可能性における理念のつながりが重要なのです。私たちが今註解しているパラグラフのそれぞれにおいて、問題は、「男も女も人間性を持っている」ということと、「男性は霊性を備えている。女性は男性の相関者ではなく男性からの派生者である。女性の特殊性あるいは女性が告知する性間の差異は『霊』を構成する諸対立の水準には達していない」という仮説をどうやって折り合わせるか、という点に存します。大胆な問いです。「いかにすれば両性の平等という観念を男性の優先性という観念から導出しうるか。」いずれにせよ、このような問いかけは、男女の相補性というような単純な考え方から私たちを遠く引き離すものでありましよう。

《位階制それとも平等？》

さて、私たちのテクストは、最初の人間の中には二つの対等な存在（男と女）がいるという「最も美しい理念」の論拠を尋ねます。神の似姿である、ということは雄と雌の同時発生性を意味する、ということなのでしょうか。以下がこの問いに対するラヴ・アバフの答えです。「神は雄と雌、二つの存在を造ろうと望まれた。けれども神が自分に似せて造られたのはただ一つの存在であった。」神は最初の予定よりも少なく造られたのです。つまり神は（あえて言わせてもらえば）自らの似姿以上のものを望まれたのです！　神は二つの存在をお望みになりました。というのは被造物のうちに平等をあらしめたいと願われたからであり、男から出てくる女、男のあとから出現する女を望まれなかったからです。それゆえ神は別々のものであり、かつ対等のものであるような二つの存在を造ろうと望まれました。しかし、それは不可能でした。二つの等格的存在者がそもそもの始めから自立していれば、必ずや戦争が起こるからです。厳密な公正さを以て行えば、二つの分離された存在者が必要になります。しかしそれは許されません。というのも、世界を創造するためには、二つの存在者のうちの一方を他方に従属させなくてはならないからです。公正さを侵犯することのない差異が必要でありました。ここからまず性的差異が生じてきます。そして、それを踏まえて、男の優位性と、女は男よりあとに生まれ、女であることによって、男の付属物であること、これが帰結されます。私たちはこの教えの意味を今では理解できるはずです。人間性は全面的に異なる二つの原理に基づいて考察されるべきではありません。これらの「他者」（autre）たちに共通の「同じもの」（du même）がなくてはならないのです。女は男から取られましたが、男よりあとになって到来しました。女性の女性的特性（*féminité*）はこの始原の遅れ（*cet initial après-coup*）のうちにあるのです。社会は純粋に神的な原理にしたがって構築されているわけではありません。もしそうであったら、世界はとうに崩壊していたでしょう。現実の人間性は項間にいかなる従属関係も持たぬような抽象的な等格性を認めることができないからです。完全な等格性を持つ原初のカップルの間での夫婦喧嘩はどのようなものであったことでしょう！　従属が、傷が、必要でした。等格者たちと非等格者たちを結びつけるためには苦しみが必要だったのですし、今でもやはり必要なのです。

　　肋骨とは顔のことであると言う者は「主はそこのところの肉をふさがれた」（『創世記』二・21）というテクストと整合する。[17]だが肋骨とは尾のことであると言う者はどうやってつじつまを合わせるのであろう。ラヴ・イルミヤ、ある説によればラヴ・ゼヴィド、[18]ある説によればラヴ・ナフマン・バル・イツハク、はこう教えた。「肉は傷口の場所にしか必要ではなかった。」

　このような反問が予想されます。「女がそこから造られたという肋骨が尾でしかないとしたら、空隙を埋めるための肉についてどうして語ることができようか。」なるほど、そのとおりです。しかしどうでしょうか、家族は包帯を巻いて手当てすべき傷口なしに生まれてくるでしょうか。たしかに、もし肋骨が顔のことなら、二つの顔の切断は存在者たちの間の切断であるはずですから、その切断面には一つの傷痕が、深い傷口が残ることになりますし、この傷口を埋めるためには肉が必要であること、これは当然のことです。しかし、ラヴ・イルミヤは私たちに、傷が浅いか深いかは決定的な問題ではない、と教えているのです。引き裂かれていること、それが傷ということなのだ、と。

《みせかけ》

とはいえ、女、この等格者、この同伴者のうちには、顔を超えるような本質的な様相があります。

肋骨とは尾のことである、という者は次の聖句と整合する。「神である主は男から取った肋骨で一人の女を造り上げた」（『創世記』二・22）。肋骨とは顔のことである、という者はどうやってつじつまを合わせるのであろう。この場合はラビ・シモン・ベン・メナシア[19]にしたがう必要がある。ラビ・シモン・ベン・メナシアはこう教えた。「『主は肋骨から女を造られた』というテクストはこう解されねばならない。聖なるお方――そのお方は祝福されてあれ――はエバの髪を編み、アダムのもとに連れて行ったのである。というのは海の彼方の国では『編んだ髪』のことをブナイタ（建物）というからである。」

女性的なるもののうちには、顔とみせかけ（apparence）があります。ですから神は最初の理髪師になったのです。神が、最初のめくらまし、最初の化粧を発明したのです。女性的存在者を「建てる」(bâtir)とは、「みせかけ」にしかるべき機能を果たさせる、ということです。「彼女の髪の毛を整えなければならなかった」と言うからには、女性の顔の中には、両性間では、このような虚偽が、別の言い方をすれば、顔と顔をまっすぐに向き合わせる野生的な直截性(la sauvage droiture)を少しやわらげるような調整が、一方が他方に対して有責であるような関係にありながら、なおたがいに惹き合うような性的関係が、求められているというわけなのです。

別の説明によればこうだ。ラヴ・ヒスダ〔20〕は言った(あるバライタの中で教えられているという説もある)。「聖なるお方――そのお方は祝福されてあれ――はエバを小麦の倉庫のようにお造りになられた。というのは、小麦の倉庫は上にゆくにしたがって狭くなり、下にゆくにしたがって収穫物を入れるために広くなるが、同じように女も上は狭く、下は子供を宿せるように広くなっているからである。」

顔の彼方に(もう顔のことなど眼中にはありません!)、性的差異の彼方に、新たなる存在者の胚胎が登場します！　息子を媒介とする他者との関係です……
ですから、女性の問題のすべてが等格性の用語で提起されているわけではありません。というわけで、これからあと、私たちのテクストはある種の非等格性の重要性を論証してゆくことになります。たとえその非等格性が純粋に習慣的なものであるにせよ、それが重要なものであることに変わりはないのです。けれども、いささか時間が遅くなって参りましたので、このあとは少し急いでテクストを読んでいくことにします。

二つの顔、男の顔と女の顔、そのうちのどちらが進むべき方向を指示するのでしょう。もしも等格な二つの顔がそれぞれ等しい権能においてゆくべき方向を指示したとしたら、どうなってしまうでしょう。人間存在は身動きできなくなるか、あるいはばらばらに分裂してしまうでしょう。ゲマラーは男性の優位性に与します。男は女の後ろを歩いてはなりません。というのは女の後ろを歩くと、男の思念に乱れが生じるからです。最初の理由は男性心理への洞察に基づいているわけです。女は、ただ自然にいるだけで、エロティックである、という観察がこの禁制の前提にあります。もし男が女に追いついたのがたまたま橋の上であったとしても（橋というのは昔は非常に狭い空間でありました）、男はむりにでも女のかたわらをすり抜けなくてはなりません。たとえその女が彼の妻であっても。女の後ろから浅瀬を渡ることも禁じられています。というのは浅瀬を渡るとき、女はその下着を見せるからです。つまり男が女の後ろを歩くと、人間同士の関係が肉欲に染まってしまうのです。男は女に手から手へお金を渡してはなりません。全く内心に恥じるところがなくてもなお、そうしてはいけません。というのは、そうすることによって男は女をまじまじとみつめる機会を手に入れるからです。この時代遅れなリゴリズムとみえるものの根本にある考え方は聖潔なものです。すなわち、等格である存在者の間の関係があいまいさの口実に使われることがあってはならない、というのがそれです。「たとえトーラーにしたがって生き、われらが師モーセのごとく善行を積んでいても、地獄の罰を逃れることはできない。」男性の優位性という主題は、男と女の間の関係において強調されますが、男と男の関係には触れません。さて、ここで問題が生じます。サムソンの父マノアは無知で無教養な男であるというふうに扱われていますが、それは聖書に「マノアは立ち上がって妻のあとについて行った」という一節があるからです。しかし、預言者エリアもまたシュネムの女のあとについてゆきはしなかったでしょうか。この問いへの答えはこうです。「ついてゆく」という語は「忠告を聞く」という意味で理解されるべきである。この問答の本質的な点は、「人間と人間の間の関係においては、両者が完全に等格である場合でも、あるいはまた女性が優位に立つ場合でも、いずれも女は男に忠告と指示を与えることができる」という教えにあります。しかしながら、習慣によれば、最終的な目的がいかなるものであれ、そういうこととは無関係に、ゆくべき道を指示するのは男でなくてはならないのです。

《危険の序列》

次に問題になるのは、性差のよって際立たせられた「女」としての女との関係を人間の諸関係のうちにどう位置づけるか、ということです。

ラビ・ヨハナンは言った。「ライオンの後ろについて行く方が女の後ろについて行くよりはましである。女の後ろについて行く方が偶像崇拝者の後ろについて行くよりはましである。偶像崇拝者の後ろについて行く方が、共同体の人々が祈っている時にシナゴーグの後ろに（入口の反対側に）いるよりはましである。」

ずいぶんと卑近な禁制です。しかしここで主題化されているのは極端な例です。もし二つの道しかなく、ライオンが一方の道をゆき、女が一方の道をゆくのであれば、いずれの道を選ぶべきだろうか。ラビ・ヨハナンは言います。ライオンの後ろを行く方がましである。女と偶像崇拝者ではどうか。その場合は女の後ろを行く方がましである。偶像崇拝者とシナゴーグの後ろ（入口の反対側）にいるのではどうか。その場合は偶像崇拝者のあとについて行け、と。

ライオンの後ろについてゆくこと、それは人生を生きること、戦いと野心を意味します。人生のあらゆる残酷さに耐えて生きること、それはライオンたちとつねに共にあることと同じです。たとえそれが人間の姿をした先導者であったにせよ、それがいつ振り向いてライオンの形相に変わるか、分かったものではありません。女のあとについて行くこと、それは親密なるものの甘美さを選ぶことです。現実世界の混乱と紛糾から遠く離れたところで女と愛の言葉を囁き交わすような生き方を選ぶことです。愛に満たされた親密性のうちのなんという静謐！　しかしゲマラーはこの親密さよりもライオンの危険の方を選びます。今日のこれまでの講演を聞いておりますと、女性はずいぶん持ち上げられておりました。女性との関係は、際立って「他なるもの」との出会い、そのような出会いにふさわしい、あらゆる卓越性をそなえた出会い以外の何ものでもない、というようなことがかなり語られておりました。しかし男と女が営む感情的生活のあのあいまいさ、あの陰翳についてはどうなのでしょうか（たとえその生活が単なる快楽の水準を超出していると主張するにせよ）。男と女の間につきものの、あのすべての深淵、すべての裏切り、すべての不実、すべての矮小さについてはどうなのでしょう。

にもかかわらず私たちのテクストは感情的生活の方が偶像崇拝よりはましである、と述べております。偶像崇拝、それはおそらく偶像崇拝の祖型である「国家」（l'Etat）を意味しています。というのも国家は「偶像」に拝跪するからです。偶像崇拝、それはまたギリシャの神々の礼拝を、そしてそれゆえにヘレニズムの魅惑全体をも意味しています。そしておそらくは偶像崇拝という語がギリシャを想起させるがゆえに、偶像崇拝は他の何ものかよりもましなものでありうるのです！　しかしそれだけではありません。偶像崇拝はまた相対性、異国趣味、モードなどにかかわるあらゆる知的誘惑、さらにはインド渡来のもの、中国渡来のもの、人間性のいわゆる「経験」と称するものから由来するすべてのもの（そういうものを拒否することは許されていないようなのですが）を包摂します。

しかし最悪なのは四番目のものです。偶像崇拝への熱狂よりもっと悪いものです。ユダヤ教の中において孤立すること、共同体に対して「ノン」と宣告すること、これです。人々で一杯のシナゴーグの後ろにいること、これはこの上ない背教の行為です。それはこう言うことと同じです。「それは私には関係ない。それはイラン人の問題で、イスラエル人とは関係ない。それは移民のユダヤ人の問題で、フランス国籍を持つユダヤ人には関係ない。」こういう場合の有罪宣告は情状酌量の余地なし、です。

しかし、その場合でさえ、例外規定があります。

ただし、この最後の点について言えば、何の重荷も担うことなしにいるひとにしか関係のないことである。もし重荷を担っているひとであれば事情はちがう。またそれは他に入口がない場合にしか当てはまらない。もし他に入口があるのであれば事情はちがう。またそれはそのひとが驢馬の背中に乗っていない場合にしか当てはまらない。もしそのひとが驢馬の背中に乗っていたら事情はちがう。またそのひとがテフィリンをつけていない場合にしか当てはまらない。もしそのひとがテフィリンをつけていれば事情はちがう。

どういう場合であれば、シナゴーグの前で一人たたずむひとは有罪となるのでしょう。ひとで一杯のシナゴーグの後ろの、入口がないほうの側に一人でいて、さらに重荷を背負っていない場合、その場合には有罪です。もしシナゴーグの後ろにいても、重荷を背負っていれば許されます。というのは小麦の袋を背負ってシナゴーグの中に入ることはできないからです。けれども例外の意味はもっと深いのです。もしひとが背負っている重荷が耐えがたいものであれば、それを理由にシナゴーグに背を向けてもいい、ということなのです。そのような反抗は許されねばならないのです!

もう一つ例外になる場合があります。驢馬に乗っている場合です。ひとは驢馬に乗ったままシナゴーグに踏み入ることはできません。自分の乗り物をいつでも好きな時に、そこらへんに止めて、自分だけそれから降りるわけにはゆかないからです。さて、驢馬とは何でしょう。それはひとを運ぶものです。別の言い方をすれば、ひとが受けた影響、意見とかものの考え方の傾向のことです。必ずしも知性的なものではありませんが、だからといって、すぐに棄て去ることのできぬものです。それは許されねばならないのです! 寛容をもって遇されねばならないのです!

三つめの例外は、シナゴーグの後ろ側にいることはいるのだが、そちらの側にも別の入口がある場合です。彼のシナゴーグへの反抗はおそらく別の入口を探究するためのものだったのです。彼がイスラエルの共同体から離れたのは、さらに深くその中に入り込んでゆくためだったのです。このようなひとの場合は希望の余地が残されています。

最後の例外は、入口から遠く離れていても、テフィリンを着用しているひとの場合です。彼はユダヤ教に反抗しながらも、その典礼の最少限だけは遵守しています。そのゆえをもって、彼は見棄てられないのです。

これでお分かり頂けたでしょう。女性はこの価値の位階制においてはかなり高い地位を占めているのです。この位階制は選択肢が二者択一方式で与えられるときにあきらかになります。女性は第二位を占めます。だからといって、女性が軽んじられているということではありません。そうではなくて、男性と女性の性差に基づいた関係は、人間と人間の間の関係よりも下位にある、ということなのです。人間と人間の関係、それはリビドーの強度やコンプレックスには還元できません。そして人間と人間との関係に向かう時にはじめて、女は男と同じように、自らを高めることになるのです。おそらくこの自らを高めることにおいて男は女に（数世紀分）先んじているのです。この（一時的であるかも知れない）男の優先性は何によるものだったのでしょう。おそらくこういうことだったと思います。男性は普遍性に、より直接的に、結びつけられているのです。ですから男性的文明は、性的なものの彼方に、人間の秩序を用意したのだろうと思います。そしてその秩序のうちに女性は、全く等格の人間として、入っていくことになったのです。

けれども、他に入口のないシナゴーグの後ろにいる男、偶像崇拝者より以上に救いのない男とは誰のことなのでしょう。それは「文字」であるところの典礼と律法の外部にあって、「存在」の最も親密な内奥性のなかで、自分は「聖霊と真理のうち」にあるのだと思い込んでいる者のことではないでしょうか。寄るべき岸のない内在性の深淵のうちに投げ棄てられたひとがそれです。内在性は誘惑した者を二度と手離すことがなかったのです。

原注

〔1〕 *Cf. L'Autre dans la conscience juive. Le Sacré et le couple*〔『ユダヤ的意識における他なるもの——聖なるものとカップル』〕, P. U. F., 1973, pp. 159-172.

訳注

〔1〕 ベラホット　Berakhot　第二講訳注20参照。

〔2〕 ラヴ・ナフマン　Rav Nahman bar Hisda　バビロニアのアモーラ。

〔3〕 本講話は一九七二年一〇月一五日に行われた。第一三回フランス語圏ユダヤ知識人会議の主題は「男と女、あるいはすぐれて他なるもの」(《*Isch*》 *et* 《*ischa*》 *ou l'autre par excellence*)。大会議長のジャン・アルプラン(Jean Halperin)によると、このテーマはジャンケレヴィッチの示唆によって決定された。当のジャンケレヴィッチは基調演説「近くて遠きもの、女性」(*Prochain et lointain, La femme...*)の中で男性中心主義をきびしく批判したあと、性差の意義について次のように語っている。「エバは対話のために造られた。聖書はそう

語っています。アダムは一人で、話し相手がなく、楽園にいました。（……）彼には何かを交換する他者が、交通のための他者が必要でした。他者、それはブーバーとレヴィナス氏の哲学における本質的論点です。（……）女性は第二の自我、私に最も近く、また最も遠い人格です。女性は他である同です。（……）女性は私のかたわらにいますが、私は女性が何ものであるかを知りません。無限小の距離という観念そのものが絶対的異邦性、つまり全く別の核、別の核元素を持つ、全く別の自体性（ipséité）との疎隔と絶対的近接性を同時に含意しています。女性は私が私に近い以上に私に近いのです」（原注1前掲書、pp. 159-163）。レヴィナスの講話はこのような問題提起に応える形で進められたわけである。

〔4〕問題になっているのは「創造する」を意味する動詞「ヤツァル」である。本文中にあるとおり、人間の創造に関する『創世記』二・7においては、ヘブライ語第一〇文字ヨッド（アルファベットで近似的に示せばy）が「ヤツァル」には二度繰り返され、yzr と表記されるべきところが、yyzr となっている。この意味を究明すべくラビたちは議論を繰り広げるのである。同じ語根の語「イェツェル」は「衝動、本能」を意味し、「善き本能」（イェツェル・ハトヴ）と「悪しき本能」（イェツェル・ハラア）に二元化される。また「被造物」も同一語根の語である。繰り返し述べているとおり、ヘブライ語聖書原典には母音記号が記されていないために、「創造する」「本能」「被造物」はいずれも同綴となる。同語根、同綴の語群の範列的な代置によって聖句の意味を重層化してゆくこの手続きがレヴィナスのタルムード読解の骨法であることはもう十分にお分かり頂けたはずと思う。

〔5〕ラヴ・ナフマン・バル・イツハク Rav Nahman bar Yitzhak（？-356）バビロニアのアモーラ。

〔6〕ラヴ・シモン・ベン・パッジ Rav Shimon ben Pazzi（Simeon b. Pazzi）紀元三世紀頃のパレスチナのアモーラ。ハラハーの権威。「ヴァイツェル」の二つのヨッドを人間の中の本能と神性の内的葛藤と解釈したことによって知られる。

〔7〕ラヴ・イルミヤ・ベン・エレアザル　Rav Yirmiya ben Elazar（Jeremiah b. Eleazar）紀元三世紀のパレスチナのアモーラ。

〔8〕ヤヌス　Janus　双面の神。ローマでは「門」（januae）の守り神。その神殿は二つの入り口を持ち、平時には閉じられ、戦時には神々がそこを通ってローマの救援に駆けつけられるように開かれた。ヤヌスはまた一年の開閉をも受け持つので一月はヤヌスの月（januarius）となる。

〔9〕ラシーヌの『フェードル』四幕六場におけるフェードルの台詞。イポリットへの不倫の情欲に駆られて理性を失ったフェードルがふと正気にかえって自らの罪の深さに戦慄する場面。「私の父」というのは地獄の裁判官の一人であるミノス王。「壺」というのは死者の刑罰を決定する投票箱のこと。

〔10〕ジャンケレヴィッチは先の引用の少し先でこう語っている。「有機的な相補性（complémentarité）は愛と人間とその同伴者の関係を脅かす最大の危険です。相補的なものへの欲求は一つの欲望です。ひとは自分に欠けているものを欲望します。私は私に欠如しているものを欲望します。しかしそれとは反対に、愛するとは欠落感を伴わずに欲望することです。ですから愛と性的欲求は別のものなのです。（……）関係の流れが一方から他方に流れるとしたら、それは両者が相補的ではないからです。彼らは一方が他方に歯車のように嚙み合ったり、嵌め込み合ったりする（s'emboiter）ために造られているのではありません」（前掲書、pp. 162-163）。レヴィナスはおそらくこの「嵌め込み」という語を承けて述べているものと思われる。

〔11〕シュムエル　Shmouel（Samuel Yarhina'ah）紀元二―三世紀頃のバビロニアのアモーラ。ネハルデアの学院を率い、スーラのラヴと並び称された。

〔12〕ラヴ・アミ　Rav Ami（Ammi b. Nathan）紀元三世紀頃のパレスチナのアモーラ。アシと並ぶ当代の賢者。ラヴ、ヨハナンの学統を継ぐ。

〔13〕原文もそのもとになった大会議事録もここを「節、命題」（proposition）としているが、「前置詞」（préposition）の誤植と思われる。本文一二六頁にも「である」（est）を同音の「そして」（et）と誤植した箇所があったが、こういう単純なミスが看過されるというのは単なる校正者の怠慢なのか、それともレヴィナスのテクストの「秘教的」性格にまどわされて、速記者も校正者も自分に理解できない文章をそのまま読みとばしているのか、いずれであろうか。

〔14〕プシュケー　psyché　「気息、霊魂」を意味するギリシャ語。「身体」に対して思考、生命を統御する原理を指す。

〔15〕ラビ・アバフ　Rabbi Abahou（Abbahu, Avahu）　紀元三―四世紀のパレスチナのアモーラ。ヨハナン、レシュ・ラキシュの弟子。

〔16〕「主は男と女を同時に造られた」（Male et femelle il les créa à la fois.）「同時に」に当たる言葉（à la fois）はレヴィナスによる挿入であり、聖書原文にはない。邦訳では「男と女とに彼らを創造された」。

〔17〕ラヴ・イルミヤ　Rav Yirmiya（Jeremiah）　ソンツィノ版の索引では別人としてあるが、『エンサイクロペディア・ジュダイカ』によると Jeremiah b. Abba（紀元四世紀頃のバビロニアのアモーラ）のこと、とある。

〔18〕ラヴ・ゼヴィド　Rav Zvid（Zebid）　紀元四世紀頃のバビロニアのアモーラ。

〔19〕ラヴ・シモン・ベン・メナシア　Rav Simon ben Menassia（Simeon b. Menasia）　タンナ。ユダ・ハナシーの同時代人。その教説はバライタに多く収められる。

〔20〕ラヴ・ヒスダ　Rav Hisda（217-309）　バビロニアのアモーラ。ラヴの死後、フナとともにスーラの学院を支えた。

第五講　火によってもたらされた被害

「バーバー・カマ」60a―60b〔1〕

【ミシュナー】

もしも誰かが火事を出し、その火が木や石や土に損害を与えたら、その者は損害を賠償しなければならない。というのはこう書かれているからだ（『出エジプト記』二二・6）。「火災を起こし、それがいばらに燃え移り、そして小麦の束が焼き尽くされ、あるいは立ち穂、あるいは他人の畑に損傷を与えた場合、出火させた者は、必ず償いをしなければならない。」

【ゲマラー】

ラヴァーは言った。「なぜ慈愛深きお方は『いばら、小麦の束、あるいは立ち穂、あるいは他人の畑』と書かれたのであろう。それは、そうすることが必要不可欠だったからである。もし慈愛深きお方が『いばら』とだけしか書かれなかったとしたら、人々は、主は火に焼かれたいばらについてだけ償いを求めておられるのであって、出火責任者はもっぱらその過失についてのみ有責である、と信じたかも知れないからである。またもし主が『小麦の束』とのみ書かれたのであったとしたら、人々は、主が責任を追求しておられるのは、損害の甚大な、燃えた小麦の束についてのみであり、どうでもいいようないばらの損害については責任を問うてはおられない、と信じたかも知れないからである。」

ではなぜ「立ち穂」なのであろう。立ち穂は眼に見える場所に立っている。であるから、これは眼に見える場所にあるものすべてについて有責であるということを意味する。さて、ラビ・イェフダの説では、出火者は眼に見えないところに置かれていたものについても、その損害に対して有責であるという。ではなぜわざわざ「立ち穂」が名指されたのであろう。立っている（地面から生えている）すべてのものを含めるためである。それではどうやって立っているものすべての対する責任を博士たちは推論したのであろう。彼らはこの責任を「あるいは」（「あるいは立ち穂」）という接続詞から引き出したのである。ではラビ・イェフダにとって、この「あるいは」は何を意味するのであろうか。その接続詞は彼にとっては「分離」を意味している（列挙された被害のうちの一部にしかかかわらない時でさえ、賠償は義務づけられることを示すためにこの接続詞は用いられている）。では他の博士たちの説では、何を根拠に分割は可能なのであろう。二番目の接続詞「あるいは」（「あるいは他人の畑」）に基づくのである。

この二番目の「あるいは」をラビ・イェフダはどう処理するのであろう。彼によれば、二番目の「あるいは」は最初の立ち穂の「あるいは」と対をなす。ではなぜ畑が言及されるのであろうか。それは（損害賠償に）火が畝溝をなめ、石を石灰化した場合をも含めるためである。

慈愛深きお方は、「畑」とお書きになるだけで、他のことは言及せずに済ますことがおできであったろうか。いや、他のことに言及することは必須であった。もし主が畑のことしかお書きにならなかったならば、人々は、畑の作物については確かに賠償責任があるが、他のことについてはない、と考えたかも知れないからである。他のことについても有責であるということ、それを理解させることが望まれていたのである。

ラビ・シモン・バル・ナフマニはラビ・ヨナタンの名においてこう言った。「世界にいる邪な者たちのせいで試練が世界を撃つ。しかし、試練はまず義人の身の上から始まる。というのも、こう書かれているからである。『もし火災が起き、それがいばらに燃え移り……。』いつ火災が起きるのであろうか。火がいばらに燃え移る時である。しかし火は義人をさいなむ時に始まるのである。というも、こう書かれているからである。『そして小麦の束が焼き尽くされ……。』『そして束が燃え』とは書かれていないのである。だがもし『束が燃え』と書かれていたとしたら、それは小麦の束はもうすでに焼き尽くされていたからである。」

ラヴ・ヨセフはこう教えた。「こう書かれている（『出エジプト記』一二・22）。『朝まで誰も家の敷居から外に出てはならない。』というのも滅びの天使は、自由を得てその力をふるう時に、義人であるか不義のひとであるかの区別をしないからである。それどころではない。滅びの天使は義人を先に撃ち倒すのである。というのは、こう書かれているからだ（『エゼキエル書』二一・3）。『私は、あなたのうちから、正しい者も邪なる者も絶ち滅ぼそう。』」そしてラヴ・ヨセフは泣いて言った。「このような聖句があるからには、義人には何の価値もないのだ。」アバイェは彼に向かって言った。「義人のための恩寵もある。というのはこう書かれているからだ（『イザヤ書』五七・1）。『義人は不幸がおこるより前に取り去られる。』」

ラヴ・イェフダはラブの名においてこう言った。「次のように定められている。昼の間に旅籠に入り、昼の間に再び路上に出なくてはならない。というのはこう書かれているからだ（『出エジプト記』一二・22）。『朝まで誰も家の敷居から外に出てはならない。』」

こういうバライタが存在する。「もし街で伝染病がはやっていたら、家から出てはならない。というのは、こう書かれているからだ。『朝まで誰も家の敷居から外へ出てはならない。』また、こうも書かれている（『イザヤ書』二六・20）。『さあ、わが民よ。あなたの家に入り、あなたの後ろで扉を閉じよ。嵐の過ぎるまで、身を隠せ。』また、こうも書かれている（『申命記』三二・25）。『外では剣がひとを殺し、内には恐れがある。』」

なぜ「また」なのであろう。もしこの「また」がなければ、人々はすべては夜に当てはまるべきことであって、昼間ではない、と思うかも知れないからである。それゆえ、こう書かれているのだ。「さあ、わが民よ。あなたの家に入り、あなたの後ろで扉を閉めよ。」しかし、それだけでは、人々はこういったことは家の中に（内に）恐れがない場合にのみ意味があるのであり、家の中に恐れがある時には、外へ出て、他の人々とともにいる方がよい、と思うかも知れない。それゆえ、こう書かれているのだ。「外では剣が人を殺し、内には恐れがある。」ラヴァーは伝染病のはやった時に、（自分の家の）窓を塞いだ。というのはこう書かれているからだ（『エレミヤ書』九・20）。「死が私たちの窓によじのぼって来る。」

こういうバライタが存在する。「もしも街に飢饉があれば、歩みを散らせ（拡げよ）。というのは、こう書かれているからだ（『創世記』一二・10）。『さて、この地には飢饉があったので、アブラムはエジプトにしばらく滞在するために、下っていった。』さらに、こうも書かれている（『列王記Ⅱ』七・4）。『たとえ、私たちが街に入ろうと言っても、街は飢饉なので、私たちはそこで死ななければならない。』」

この「さらに」は何の役に立っているだろう。もし、この「さらに」がなければ、人々は、行く先の土地に生命を脅かす何の危険もない場合には、この教えは有用だが、移動が危険をもたらす場合には、有用ではない、と思うかも知れないからである。それゆえ、続いてこう書かれているのである。「さあ、アラムの陣営に入ろう。もし彼らが私たちを生かしておいてくれるなら、私たちは生きのびられる。」

こういうバライタが存在する。「もし死の天使が街にいれば、通りの中央を歩いてはならない。というのは、死の天使は通りの中央を走るからだ。彼らに残された自由を利用して、死の天使は公然と歩き回る。もし街が平穏であったならば、通りの端を歩いてはならない。というのは、自由の恩恵を受けられないので、死の天使は身を隠しながら進むからだ。」

こういうバライタが存在する。「もし街に飢饉があれば、祈りの家に一人で行ってはならない。というのはそこに死の天使が自分の道具を置いてあるからだ。けれども、この教えが真であるのは、学校に通っている子供がそこで聖書を読まない場合、祈りをするのに一〇人のひとが揃わない場合に限られる。」

こういうバライタが存在する。「犬が吠えるのは、街に死の天使が入ってきたからだ。犬の機嫌がよいのは、街にエリが入って来たからだ。けれども、それは犬たちの間に雌犬が一匹もいない場合に限っての話である！」

ラヴ・アミとラヴ・アシが鍛冶屋のラビ・イツハクの前にすわっていた。一人はハラハーの、もう一人はアガダーの論じ方を尋ねた。一方があるハラハーを論じ始めたら、他方がそれをさえぎった。一方があるアガダーを論じ始めたら、他方がそれをさえぎった。そこでラビ・イツハクは彼らに言った。「これから君たちにあるたとえ話をして上げよう。それは若いのと年老いたのと、二人の妻を持ったある男の話である。若い方の妻は夫の白髪を抜いた。年老いた妻は夫の黒い毛を抜いた。とうとう男は頭の両側が禿になってしまったということだ。」

そしてラビ・イツハクは彼らに言った。「君たちのどちらにも気に入る話をして上げよう。もし火事が起きて、いばらに燃え移ったら、この場合、火事は自然に燃え広がったことになる。その場合は、火を出した者が賠償しなければならない。聖なるお方——そのお方は祝福されてあれ——はこう言われた。『私はシオンに火をつけた。《主はシオンに火をつけられたので、火はその礎までも焼き尽くした》（『哀歌』四・11）と書いてあるように。そしていつの日か私はシオンを再び火によって立て直すであろう。《しかし、私がそれを取り巻く火の城壁となる。私がその中の栄光となる》（『ゼカリヤ書』二・5）と書いてあるように。』それゆえ、火を出した者は、その償いをしなければならないのである。聖なるお方——そのお方は祝福されてあれ——はこう言われた。『私は私が放った火のために償いをしなければならない。』」

あるハラハーはこう教えている。ひとは自分の所有物によって引き起こされた損害の賠償から始め、そしてひとは自分自身によって引き起こされた損害の賠償にいたる。それは火によって引き起こされた被害は、矢によって引き起こされた被害に比較すべきものだということをあなたがたに教えるためである。

《火によってもたらされた被害》

まずテクストをお配り致します。この時が一番震える時です。皆さんがただ今お聴きになった講演(2)の中で論じられたような重大な問題が、このテクストの中では論じられていないのではないか、と恐れて震えるのではありません。私の能力があいかわらず自分の註解するテクストに及ばないことを恐れて震えるのです。またまた同じ文句を言っているなとか、口先だけで謙虚ぶっているなとかお思いの方がおられるやも知れませんが、もう一度はっきり申し上げます。これらのテクストは私がその中に見出しうるより以上のものを含んでいるのです。とはいえ、ふしぎなことですが、ユダヤの叡智はその師モーセのくちぶりにならって、「よく動かぬ口と重い舌」をもって語ります。それはモーセの個人的な欠点ではありません。であるからこそ今にいたるまで受け継がれてきているのです。これは修辞学の諸形態となじむことの決してない思考がとる公正なる語り口なのです。そのような語り口をとおして、私たちは困難で、複雑で、矛盾する現実とわたりあうすべを学んでゆくことになるのです。それは峡谷を歩む教説です。涙の峡谷を歩む教説です。そこに雄弁は不要なのです。

《破壊する火》

議長、そしてご臨席のみなさん、まずお詫び申し上げますが、お手もとにお配りしたテクストは、もともとが古拙で、ぎくしゃくしたリズムのものである上に、急いで訳したものですから、さぞや読みにくかろうと思います。一見したところ、テクストは全然戦争と関係がありそうには見えません。(1)

『バーバー・カマ』60は火事による被害とそれが伴う賠償責任について語っています。戦争は主題的には論じられず、破壊する炎、あとの方では伝染病と飢饉が論じられています。これらはいずれも損害と死をもたらすものです。戦争の帰結もまた同様です。ここから戦争の本質へ、あるいは戦争よりもさらに「戦争的なもの」へ遡及することは可能でしょうか。おそらくこのテクストの読解が私たちを導いてゆくのはそのような境位であるかと思われます。

　戦争の帰結を眺めるということは、戦争をその実際的な条件、つまり政治的、社会的条件を越え、そのような条件を捨象して主題化することでありましょう。どうもテーマから離れてゆくような気がするかも知れません。けれどもそうではないのです。破壊する炎が伴う責任に関する議論は、まさにそのことを通じて、破壊の不可避性に異議を申し立てることになるからです。ある意味ではさきほどロベール・ミズライが語った「戦争の論理性」に関するテーマに近づくのかも知れません[2][3]。確かに「戦争の論理性」はこのテクストにおいては審問に付されてはおりません。しかし、もともと人間関係から発生したものでありながら、暴力がその深淵の涯にまでいたりつくとき、理性をも含めてすべてがその淵の中に崩れ落ちてゆくこともありうるのです。私たちはさしあたり戦争を論じませんが、それはその究極的な淵源へ遡及するためなのです。戦争の究極的淵源、それはアウシュヴィッツにあります。戦争はその窮極的淵源に回帰する可能性をつねにはらんでいるのです。戦争の理法と呼ばれるもの、そんなものがかりにあったとしても、それはある種の狂気から生まれたものであり、また再びその狂気のうちに崩れ落ちてゆくものではないのでしょうか。

《テクストの構造》

選び出されたテクストの第二の性格は、それが独創的なものだということです。タルムードのテクストが、タルムードのテクストであるがゆえに類例を見ないものだ、というような意味で独創的であるというのではありません。このテクストはその構造において独自であるのです。といいますのも、これはハラハーです。つまりなすべき行為を指示し、一つの法律を言明するところの教えなわけです。にもかかわらず、このハラハーはテクスト自身のうちで、つまり読者による解釈を訴求することなく、アガダーに、教化的訓話に、変貌してしまうのです。アガダーと申しますのは、みなさんがおそらくご存じのとおり、タルムード的思考において、哲学的見解すなわちほんとうの意味でのイスラエルの宗教的なものの考え方が開陳されるところの様式であります（ここで哲学と宗教を接近させたことを私は失言だとは思っておりません。といいますのも、哲学は私に言わせれば宗教を淵源とするものだからです。哲学は漂流する宗教によって呼び寄せられ、そしておそらく宗教とはつねに漂流しているものなのです）。さて、この火災に関するハラハーのアガダー的解釈はあらたなハラハー的教訓によって終わります。つまりテクストはハラハーからアガダーへ、そして再びハラハーへ、という旅程をたどるのです。これがいうところの独創的構造です。文体のリズムにおいて特徴が際立っていますけれども、それは私たちが直面している問題と無関係ではありません。以上がまえおきです。

《責任範囲》

テクストはミシュナーから始まります。タナイームと呼ばれる律法博士たちの権威に基づくとされる教えがまず提起されます。タナイームというのは「口伝律法」といわれる啓示の継承者です。これはイスラエルの信仰にしたがうならば、シナイ山における神の公現以来、師から弟子へ語り継がれてきました。(3) ミシュナーは、ですから聖書からは独立していることになります。たとえミシュナーが聖書に準拠し、聖書の註解を求めていても、独立していることに変わりはありません。口伝律法は西暦紀元二世紀末頃、ラビ・イェフダ・ハナシーによって書記律法に集約されました（この時をもってタナイームの世代も終わります）。さて私たちのミシュナーは畑で火災を起こした者が負うべき責任を次のように定めています。

もし誰かが火事を出し、その火が木や石や土に損害を与えたら、その者は損害を賠償しなければならない。というのはこう書かれているからだ（『出エジプト記』二二・6）。「火災を起こし、それがいばらに燃え移り、そして小麦の束が焼き尽くされ、あるいは立ち穂、あるいは他人の畑に損傷を与えた場合、出火させた者は、必ず償いをしなければならない。」

文意は明快であるように思われます。しかるに頁の四分の三にわたってゲマラーが加えている註解はもっぱら損害を受けた財貨のさまざまなカテゴリー区分にかかわっています。ゲマラーは個々の単語がなぜそこで用いられねばならなかったのかを究明します。そこに現われる統辞上の小辞でさえ、ゲマラーにとっては有意的なのです。「ゲマラー」という言葉のそもそもの意味を思い出して下さい。これはタナイームの学統を継承したアモライームと呼ばれる律法博士たちの世代が、ミシュナーによって提起された議論をさらに展開したものを文典化したものです。彼らはその解釈に際して、しばしばラビ・イェフダ・ハナシーが採択しなかったタナイームたちの伝承に論拠を求めました。これがバライタすなわち「外典」です。私たちのゲマラーは『出エジプト記』二二・6から引用されたテクストの表面的な煩雑さに驚くふうを装いつつ、それにひとつひとつ答えてゆくかたちで陳述をすすめてゆきます。

ラヴァー[4]は言った。「なぜ慈愛深きお方は『いばら、小麦の束、あるいは立ち穂、あるいは他人の畑』と書かれたのであろう。それは、そうすることが必要不可欠だったからである。もし慈愛深きお方が『いばら』とだけしか書かれなかったとしたら、人々は、主は火に焼かれたいばらについてだけ償いを求めておられるのであって、出火責任者はもっぱらその過失についてのみ有責である、と信じたかも知れないからである。またもし主が『小麦の束』とのみ書かれたのであったとしたら、人々は、主が責任を追求しておられるのは、損害の甚大な、燃えた小麦の束についてのみであり、どうでもいいようないばらの損害については責任を問うてはおられない、と信じたかも知れないからである。」

このテクストの中に頻繁に現われる「慈愛深きお方」、「ラハマナ」とは何を意味するのでしょう。

それはトーラーそれ自体、あるいは慈愛深きものとして自己規定するところの「主」を意味します。しかしこの翻訳ではいかにも不十分です。この「ラハマナ」から当然連想される「ラハミーム」(慈愛)という言葉はもとをたどれば「ラヘム」という「子宮」を意味する言葉にゆきつきます。したがってラハミームとは子宮と、そこに胚胎される他者との関係、ということになります。ラハミームとは母性そのもののことなのです。神が慈愛深いとは、神が母性によって規定されているということです。女性的な要素がこの慈愛の奥底でかすかに震えています。神的な父性のうちなるこの母性的要素は際立って特徴的です。それはユダヤ教において、「男性的能力」が制限を加えるべきものとして観念されていることに対応しています。おそらく割礼も男性的能力の部分的な否認、ある種の弱さの宣揚を象徴していると思われます。しかし、これは決して怯懦を意味するものではないのです。母性とはおそらくこのような感受性のありようそのものを指しているのです。そしてそれにニーチェ主義者が罵倒の限りを浴びせかけていることは皆さんご存じのとおりです。

では一体なぜミシュナーが引用している聖句は煩雑なのでしょう。ゲマラーは「いばら」という語の重要性を指摘しています。つまり、これがある一つのジャンルを示し、「小麦の束」という語がまた別の、「いばら」とは同定不能のもう一つのジャンルを示しているわけです。このような聖書の用語の一般化あるいは形式化はタルムード的な釈義の典型的なすすめ方です。「立ち穂」が何を指しているのかも同じ発想で説明されることになります。

ではなぜ「立ち穂」なのであろう。立ち穂は眼に見えるところに立っている。であるから、これは眼に見える場所にあるものすべてについて有責であるということを意味する。

火災においては、視野におさまるすべてのものについて責任が問われます。しかし、ここから議論は紛糾してきます。ラビ・イェフダに代表される別の伝承によれば、火災の責任は視野に入らない財貨の損害にまで拡大されるからです。ここで知覚から逃れるもの、つまり「出火責任者の用心や権能がカヴァーし切れないものに関する責任」という考えが出現します。こうして、「責任は視野に入るものに限る」と唱えるラビたちと、「責任はさらに広い意味に広げられる」と唱えるラビたちの双方は『出エジプト記』の原文をそれぞれのしかたで論拠として援用することになります。

さてラビ・イェフダの説では、出火者は眼に見えないところに置かれていたものについても、その損害に対して有責であるという。ではなぜわざわざ「立ち穂」が名指されたのであろう。

答えはこうです。

立っている（地面から生えている）すべてのものを含めるためである。

ここには樹木や動物も含まれます。
では他のラビたちはどうやって立っているものについての賠償を推論するのでしょう。

それではどうやって別の博士たちは立っているすべてのものに対する責任を推論したのであろう。彼らはこの責任を「あるいは」（「あるいは立ち穂」）という接続詞から引き出した。

おそらくこの「あるいは」の中には観念の拡大がこめられているのでしょう。

ではラビ・イェフダにとって、この「あるいは」は何を意味するのであろうか。その接続詞は彼にとっては分離を意味している。

この「あるいは」は分離を意味します。つまり、出火者は聖句に列挙してある災害が同時に起こった場合も、個々の災害がばらばらに起こった場合も、いずれの場合にも有責である、ということになります。

では他の博士たちの説では、何が「分離すること」を可能にするのでしょう。というのも彼らはこの「あるいは」を「立っているもの」を指示する際にもうすでに利用してしまっているからです。

二番目の接続詞「あるいは」（「あるいは他人の畑」）に基づくのである。

この二番目の「あるいは」をラビ・イェフダはどう処理するのであろう。彼によれば、二番目の「あるいは」は最初の立ち穂の「あるいは」と対をなす。

つまりラビ・イェフダは二番目の接続詞には特別な意味を認めていないということです。こうしてテクストはラビ・イェフダの仮説に基づいても、他の博士たちの仮説に基づいても、どちらに準拠しても読めることになります。

ではなぜ畑が言及されるのであろうか。それは（損害賠償に）火が畝溝をなめ石を石灰化した場合をも含めるためである。

さらにこう続きます。

慈愛深きお方は、「畑」とお書きになるだけで、他のことには言及せずに済ますことがおできであったろうか。いや、他のことに言及することは必須である。もし主が畑のことしかお書きにならなかったならば、人々は、畑の作物については確かに賠償責任があるが、他のことについてはない、と考えたかも知れないからである。他のことについても有責であるということ、それを理解させることが望まれていたのである。

というわけで、以上は厳密にハラハー的なテクストであることになります。その一般的な意義は明確です。ここでは災害によって生じた損害についての責任が明示してあります。災害はもともとは人為的なものですが、しかし火事の場合が端的にそうであるように、発生するや否や、失火責任者の統制を超えてしまいます。火は原基的な力であり、余の原基的諸力がこれに付け加わるわけですが、合理的な予知の限界をたちまち超えて損害を増殖してゆきます！　風がそこに気紛れと暴力を付け加えます。しかしだからといって、失火者の責任が訴追されないわけではありません。事実、ラビ・イェフダはこの有責性の範囲を、「知覚されないがゆえに、救いを求めることのできない見えない財貨」にまで拡大したほどです。さて、私たちは戦争のことを話していたはずでした。けれども、どうして戦争のことなど話さなくてはならないのでしょう。私たちは今、平和の時代に生きてはいないでしょうか。そこには裁判所が存在してはいないでしょうか。法官たちはその綬を佩用してはいないでしょうか。すべてのものはきちんとあるべきところにあるのではないでしょうか。地上には正義が行われているはずではないでしょうか。なるほど、そうかも知れません。もし火という根源的な力のうちにすでに統御不能のもの、すなわち戦争が入り込んでいるのでないとしたら。しかし、繰り返し申し上げますが、火が統御不能であるからといって責任をまぬかれることは誰にも許されはしないのです！

《非合理的なものの合理性》

さて、以下でテクストは（パラドクスを好む近代の解釈者の気紛れによるわけではなく）司法的な真理を離れ、宗教的、道徳的真理へ向かうことになります。

ラビ・シモン・バル・ナフマニ〔5〕はラビ・ヨナタンの名においてこう言った。「心邪なる者たちのせいで試練が世界を撃つ。しかし、試練はまず義人の身の上から始まる。というのも、こう書かれているからである。『もし火災が起き、それがいばらに燃え移り……。』いつ火災が起きるのであろうか。火がいばらに燃え移る時である。しかし火は義人をさいなむ時に始まるのである。というのも、こう書かれているからである。『そして小麦の束が焼き尽くされ……。』『そして小麦が燃え』とは書かれていないのである。だがもし『束が燃え』と書かれていたとしたら、それは小麦の束はもうすでに焼き尽くされていたからである。」

「心邪なる者たちのせいで試練が世界を撃つ」というのは戦争のことです。ひろく説かれている教説です。しかし、もしタルムードが誰でも口にするような平凡な真理をしか語らぬものであったら、人々はタルムードに知恵を尋ねるようなことはできなかったでしょう。案の定、ラビ・シモン・バル・ナフマニは聖句を寓喩的に解釈して、次のような推論を行います。「試練はまず義人の身の上から始まる。」話はどうもひとすじなわではゆきそうもありません。

さて、いばらのイメージはなかなかに教化的です。「火災はいつ起きるのであろうか。火がいばらに燃え移る時である。」いばら、それはとげ刺すものです。「才士」のぴりりと刺激のきいた機知、斬新な思想を追い求める知識人のパラドクス、それが暴力の原因だというのでしょうか。いや、そうではありません。おそらく暴力の原因は心邪なる者たちに求めるべきでしょう。社会の内部における不正が外なる軍勢を出現させるのでしょう。これは律法博士たちの古くからの考え方です。アンリ・バルク教授はこれを独自に受けとめ、「万軍の主」という聖書的表現を称えたことがありました（「万軍の主」というのは思えば哲学者シモーヌ・ヴェーユをいたく憤激させた言葉でした[6]）。バルク氏は「万軍の主」を神の至上の呼称と考えました。というのも、神性をこう呼称するからには、社会的な悪はそれ自身のうちにすでに抑止しがたい戦争の諸力を包含している、ということが前提として了解されていることになるからです。

さて火はまず義人を焼き尽くします。というのは「小麦の束」が「焼き尽くされる」と書かれているからです。「束に火が移り」とは書かれていないからです。小麦の束は「もうすでに焼き尽くされてしまっていた」のです。火災はいばらが原因で始まります。火災はたった今始まったばかりです。なのに小麦の束はもうすでに燃え尽きています。おそらくこれが戦争の非合理性なのです。根源的なもの、統御不能のものの介入による秩序の転覆です。ここには、私たちがのちに見ることになる、預言者エゼキエル好みの主題、すなわち「義人は他の誰よりも悪について有責である」という主題が存するように思われます。義人は正義をあまねく広め、不正の出現を阻止することができるほどに十分には義人でなかったがゆえに有責なのです。最もすぐれた者が犯す失策が最悪のものの発生の契機となるわけです。

しかし、それゆえに戦争という非合理性の中にさえ、ある種の理性が存在することにもなります。「歴史の正義」というのがそれです。戦争という状況も理性的な存在者の意志から完全には逃れえないのでしょうか。これはロベール・ミズライの語った「政治的な合理主義」という考え方とあい通じるものです。戦争を理づめで解決しようとする彼の姿勢に全くチャンスがないわけではないことをお忘れにならぬよう！

しかし、いばらと小麦の束についての寓話を別様に理解することも可能です。心邪なる者たちが戦争を挑発するという理解のしかたです。つまり戦争を止める能力のある者たち（つまり義人です）がたとえいたとしても、そのような者たちこそが戦争の最初の犠牲者になってしまうというわけです。確かに、ある種の合理的思考が戦争にかかわる策謀のうちでも働いていることは働いているのです。しかし、この合理的思考はもはや戦争を決着に導くだけの力のある「理性」を見出すことはできません。戦争の中で働く理性は最終的には没理性にいたらざるをえないのです。

さらに別の読み方もあります。義人が「悪」の邪悪性に代わって代償を支払う、という読み方です。この場合も暴力はカオス的ではありません。義人は邪悪な者たちと画然と分かたれています。私たちのテクストは全面的に悲観主義的ではないのです。正義の優先性は保たれています。義人の優先性は義人が犠牲に身をさらすことを切望します。この場合、「善」は「悪」に対する無抵抗であり、贖罪に身を奉献することであるでしょう。

戦争の理性が「理性」の完全な裏返しでない限り、つまり中途半端な理性である限り、完全なカオスは出現しないのです。タルムードの『ベラホット』によると、モーセは神との至高の近接性のうちにある時でさえ、彼にとって最も重大な問いを忘れることができなかったといいます。それは次のような問いです。「なぜ義人たちは時に栄え、時に衰えるのか。なぜ悪人たちは時に栄え、時に衰えるのか。」彼は「なぜ義人が受苦し、悪人が栄えるのか」と問うたのではありません。完全に逆転した秩序とは悪魔の秩序に他なりません。モーセはおそらく世界がある程度までは制御されていると認めていたのです。モーセは全く偶有的な世界を前にして慄然としたわけではないのです！　私たちが提示してみせた、いばらと小麦の束の寓喩に関するいくつかの読解のうち最後のものによれば、「創造」のうちにはある種の方向性、すなわち秩序がなお存在することになります。いかなるものであれ、秩序こそが「理性」にその働く場を提供するのです。

《理性の一切を超えて？》

さらにもう一歩すすんでみましょう。私たちは全き無秩序の空間、いかなる思考にももはや仕えることのない純粋なる「始原」（Elément）の空間に踏み込んでゆくことになります。戦争の彼方です！　あるいは戦争のようなすべての統御不能の諸力がそこから湧出してくるところの深淵のうちに踏み込む、と申し上げた方がよいでしょうか。この深淵は例外的な時期にしか完全には開口しません。しかし、つねに少しだけは口が開いているのです。あたかも理性の中心において片目だけ開けて眠っている狂気のように。

ラヴ・ヨセフはこう教えた。「こう書かれている（『出エジプト記』一二・22）。『朝まで誰も家の敷居から外に出てはならない。』というのも滅びの天使は、自由を得てその力をふるう時、義人であるか不義のひとであるかの区別をしないからである。それどころではない。滅びの天使は義人を先に撃ち倒すのである。というのは、こう書かれているからだ（『エゼキエル書』二一・

3）。『私は、あなたのうちから、正しい者も邪なる者も絶ち滅ぼそう。』」そしてラヴ・ヨセフは泣いて言った。「このような聖句があるからには、義人には何の価値もないのだ。」

滅びの天使にほしいままにふるまう自由が与えられました。「滅びの天使」（ハマシュヒット）という言葉はこのテクストの中で実に印象的です。さて滅びの恣意性において、『エゼキエル書』が言うように、義人の優越性はもはや保たれないのでしょうか。理性はもう形ばかりのものにすぎないのでしょうか！

註解者たちがどう言っているか聞いてみましょう。マハルシャアはこう言っています。「ある陳述のうちにおいてはつねにある語が最初に来なくてはならない。」これはどういうことかと言いますと、複数の語を同時に発語しえぬ以上、ある陳述からは、語が指示する出来事の時間的な前後関係についての教えを導出することができる、ということです。この推論には論拠があります。アブラハムがソドムのために義人と不義のひとの混同に抗議した時、アブラハムはまず義人を名指しているのですが、そしてそこでは「と共に」を意味する「イム」という前置詞が用いられているのに、[7]『エゼキエル書』二一・3では「そして」を意味する「ヴ」が用いられているからです。[8]つまりこの接続詞によって、絶滅の恣意性においてなお義人が悲劇的な優先性を維持していることが論証されることになるわけです。滅びの時において、なお義人の方が優先的である、ということがありうる、というのは重大なことです。というのももしそうでありうるならば、ここまで論じてきた問題ときちんとつながるからです。問題はこうです。「戦争の暴力を導くぎりぎりの理性は結局は、戦争の彼方である滅びの深淵に転落するのか、それとも滅びの狂気はなお一抹の理性を保っているのか。」この問いがアウシュヴィッツの意味をどう理解するかの分岐点になります。問いはここに集約されます。私たちのテクストはこの問いには答えてはくれません。それはただ問いの下に強調の線を引いてみせるだけです。私たちのテクストはこの問いには答えてくれません。なぜならここで答えれば礼を失したことになるからです。おそらくすべての弁神論がそうであるように。

《義人の無意義性》

ラヴ・ヨセフはエゼキエルの聖句を思いうかべて涙を流しました。「このような聖句があるからには、義人には何の価値もないのだ！」おそらくラヴ・ヨセフは自ら義人を以て任じていたのでしょう。それゆえこのあまりに望みのない条件をわが身に認めて泣いたのでしょう。しかし彼の考え方をもう一度たどり直し、その涙の意味をもっと高貴なものととらえ直すこともできないわけではありません。義人は自分たちの死が世界を救うことを希望することができました。だから彼らがはじめに死に、悪人たちも彼らと共に滅びました。聖性はそれゆえ何の役にも立ちはしません。聖性は全く無用で、全く無報酬です。たしかにそのために死んでいった者たちにとっては何の見返りもないものでしょう。しかも、この死がその過ちを償うことになるはずの世界にとっても無報酬なのです。なんという無用の犠牲でしょう！

その時にアバイェが口をはさみます。

アバイェは彼に向かって言った。「義人のための恩寵もある。というのはこう書かれているからだ（『イザヤ書』五七・1）。『義人は不幸が起こるより前に取り去られる。』」

アバイェはラヴ・ヨセフをなぐさめます。聖人と義人は最初に姿を消すわけだから、世界の不幸をまのあたりにせずにすむのだ、と。言われないよりは少しはまし、というようななぐさめ方です。大きく口を開けた深淵の中に残響する最後の合理性です。けれどもこのなぐさめは義人たちの正義の度合いにふさわしいなぐさめなのです。義人たちの正義の奥底にひそんでいる不義を考慮した上でのなぐさめなのです。私的な正義をいかに個人的に完成させたとしても、それだけでは足りない不足分を考慮した上でのなぐさめなのです。正義も罰されます。しかし公正に罰されるのです。エゼキエルのテクストはこの私的な正義の無能性を指摘しています。自分を救おうとしている義人、自分自身のこと、自分の救済のことばかり考えている義人には、この程度のなぐさめが似合いなのです。彼らのかたわらに悪人がいるという事実それ自体が、彼らの正義に欠けるところがあることを証示しています。彼らはそこに存続している悪について有責なのです。教訓的な思考です。けれども教訓的講話は雄弁である必要はありません。聖人たち、修道士たち、象牙の塔にこもる知識人たち、彼らは罰されるべき義人です。これが、その語の最も高貴な意味において、「パリサイ人」と呼ばれるひとのことです。パリサイ人を最初に告発したのはユダヤ教だったのです。罰されるべき義人、それはまた自分たちの共同体の生活に自閉し、自分たちのシナゴーグに安住しているユダヤ人のことでもあるように思われます。城壁のうちを支配する秩序と調和に満足する教会もおそらくまたその同類でしょう。

義人はネガティヴな報償を受け取るであろうというアバイェのなぐさめは、もしラヴ・ヨセフが他者のために苦しんでいたのであれば、その涙を止めることができなかったはずです。世界の受苦を見ないということと、受苦を停止せしめることとはちがいます。他者の受苦を見ずにすむという特権を聖人に与えたアバイェはおそらく涙をこぼすラヴ・ヨセフと同じくらいに悲観的なのです。

この義人の懲罰とその報償の考え方において、私たちユダヤ人は、存在者への固執、人間の本質たるあの自己保存の努力（*conatus*）を力説してやまない西欧の人間観とははるかに隔たっております。人間性とは他者のために受苦するという事実、そして自分の受苦そのものにおいて、自分が苦しんでいることが他者の苦しみの原因となることをさらに苦しむという事実、これであります。それがハイーム・ド・ヴォロジーヌ[9]の小著『ネフェシュ・ハ・ハイーム』を駆動している逆説的人間観です。その著書の中で、人間の本質は存在者と「存在」への固執の間の亀裂として、すなわちひたすら神との関係としてのみ描かれているのです。

《夜》

正義なき絶滅の主題に続くテクストは、見たところ前のテクストと同じ聖句（『出エジプト記』一二・22）に準拠しているという以外には共通点がないもののように思われます。しかし註解者としての私の努力は、タルムードは単なる断片の集積ではない、という仮説から出発しています。表面的にはいかに支離滅裂に見えようとも、そこには筋というものがあるはずだと私は確信しています。ですから私が貧弱な註解の道具を駆使して悪戦苦闘するのは、タルムードの語りを貫くその論脈、その深層の論理を探り当てんがためなのです。この論理を探り当てない限り、「ユダヤ思想」などというタイトルの本を決して出版したりするべきではありません。

ラヴ・イェフダはラブの名においてこう言った。「次のように定められている。昼の間に旅籠に入り、昼の間に再び路上に出なくてはならない。というのはこう書かれているからだ（『出エジプト記』一二・22）。『朝までは誰も家の敷居から外へ出てはならない。』」

正義が停止し、滅びの天使が働くのは夜です。光と闇の弁別は聖書の冒頭においてはやくも言及されておりました。さて、ラブの名において語るラヴ・イェフダが用いたヘブライ語、私が「昼の間」と訳した言葉の元の形は『創世記』一・4にある「キ・トヴ」という表現です。この表現は光の創造と神による光の卓越性の承認の直後に登場します[10]。夜の間は自分の家を離れてはなりません。よそに避難所を求めてはなりません。ラヴ・イェフダは言います。「次のように定められている」と。人間関係は白日の明るさを要求するのです。夜、それは人間たちの間の正義が停止する危険な時間です。おそらく白日の戦争（これはロベール・ミズライの政治哲学と合致する考えです）と夜の中に沈み込み、入り込んでゆく戦争、理性がそこではもはや鎖を解き放たれた諸力を統御しえないような戦争との間には截然たる区別があるのです。滅びの天使が出現し、もはや正義の統制が行われないような境位、すなわち「ホロコースト」にまでいたり着くような戦争というものがおそらく存在するのです。興味深いことですが、聖書においては「主」に選ばれたる者たちは、その使命を全うするとき、早い時間に起きだします。「そしてアブラハムは朝早くに起きた。」「そしてモーセは朝早くに起きた。」またヨシュアは戦闘を明るい中で行うために太陽を天空にとどめようとします。彼らは神の命令を実行するために朝早くに出発しようと心がけるのです。まして確信に満ちた使命など持たぬままに他者と関係しようとしている私たちはどうでしょう。夜においては義人も悪人も混同されてしまうということを知らぬはずもないラヴ・イェフダの意見はそれゆえ心なぐさめるものとなるのです。というのも、彼の意見は創造の第一日目からはやくも光と闇は截然と分かたれていたことを思い出させてくれるからなのです。

《白昼の夜》

次に問題となるのは、それに比べると心が重くなるような主題です。昼の中への夜の侵入という主題だからです。もう火事のことは話題になりません。話題は伝染病に移ります。伝染病に対する医者の戦いは火事に対する消防士の戦いほど明瞭ではありません。始原的なるもの、統御不能のもの、それは戦争の彼方なるものです。というのも戦争はまだしも眼には見えるからです。けれども伝染病は遍在的です。ここからここまでが感染されている、というふうに境界線を引くことができません。そして以下の節において状況は出口のない矛盾に逢着します！

こういうバライタが存在する。「もし街で伝染病がはやっていたら、家から出てはならない。というのは、こう書かれているからだ。『朝まで誰も家の敷居から外へ出てはならない。」また、こうも書かれている（『イザヤ書』二六・20）。『さあ、わが民よ。あなたの家に入り、あなたの後ろで扉を閉じよ。嵐の過ぎるまで、身を隠せ。』またこうも書かれている（『申命記』三二・25）。『外では剣がひとを殺し、内には恐れがある。』」

ここでもひとわたりすでに見たような考え方が披瀝されます。滅びの天使が全能をふるう時の身の処し方が論じられます。しかし、そのような処方の根拠として提示されているのは『出エジプト記』の聖句だけではありません。『出エジプト記』において家から出てはならないという勧告は、エジプトのくびきからのイスラエル解放という至高の時に、「戦争の彼方」がおそらくいまだ破局の予兆への恐れでしかない時に、与えられていました。ところがここでは『イザヤ書』二六・20が引用されています。そこでは破局は切実な脅威です。自分の家に戻らなければなりません。ただし自分の家があるのなら、の話ですが。ここには今日のイスラエルの問題のすべてが、帰還のむずかしさのすべてが集約的に現われてきています。自分の家にひきこもらなければなりません。「激動が過ぎ去るまで自分の家に戻っていろ」と言うからには、自分の家に戻ること以外には救いの方途が存在しないことになります。そこに避難することができ、そこにいる限り外の世界とかかわりを持たずに済むような、そういう内部を持つことが必要なのです。たとえそのような「内には」（避難所あるいは内部に）「恐れ」があるとしても、恐れる気持をいだきつつ一つの祖国、一つの家、あるいは一つの「内的決定基準」を持つことの方が、外にいるよりはましです。アメリカ人はこれを「光輝ある孤立」と称していますが、そうすることができるのは彼らが恵まれた立場にあるからこそなのです。彼らが自分の家にいて光輝ある存在たりうるのは、内にありながら恐れを感じずにいられるからです！

続くテクストがこの矛盾を指摘します。

なぜ「また」なのであろう。もしこの「また」がなければ、人々はすべては夜に当てはまるべきことであって、昼間ではない、と思うかも知れないからである。それゆえ、こう書かれているのだ。「さあ、わが民よ。あなたの家に入り、あなたの後ろで扉を閉めよ。」しかし、それだけでは、人々はこういったことは家の中に（内に）恐れがない場合にのみ意味があるのであり、家の中に恐れがある時には、外へ出て、外の人々と共にいる方がよい、と思うかも知れない。それゆえ、こう書かれているのだ。「外では剣がひとを殺し、内には恐れがある。」ラヴァーは伝染病のはやった時に、（自分の家の）窓を塞いだ。というのはこう書かれているからだ（『エレミヤ書』九・20）。「死が私たちの窓によじのぼって来る。」

なぜ「また」があるのでしょう。なぜこのように聖句が列挙されるのでしょう。それはもはや昼と夜の間に、外部と内部の間に差異が存在しないからです。それまで暴力は意志と理性に従属していましたが、もはやその境界が失われてしまったからです。そこからは、さきほどよりもずっと強く、強制収容所の臭気が漂ってくるのにお気づきになりましたでしょうか。暴力、それはもはや道徳を超えた戦争と平和の政治的現象ではありません。それはアウシュヴィッツの深淵、あるいは戦争の中に呑み込まれた世界のことです。「世界性そのもの」を失った世界のことです。それが二〇世紀なのです。内に戻らなければなりません。たとえ内には恐れがあるとしても。イスラエルという事実は独自な事実でしょうか。イスラエルが全き意味を有するのは、それが全人類に適応されるからではないのでしょうか。すべてのひとはイスラエル国の状況にあと一歩のところにいるのです。イスラエルとは一個のカテゴリーなのです。

《出口なし》

外には剣がある時、内には恐れがあります。にもかかわらず内部に戻らなくてはなりません。「ラヴァーは伝染病のはやった時に（自分の家の）窓を塞いだ。というのはこう書かれているからだ。『死が私たちの窓によじのぼって来る。』」扉を閉めるだけでは不足です。外部に向かう窓をも閉ざさなくてはなりません。外部を完全に忘れ去らねばなりません。ラヴァーが窓を塞いだのは、外部が耐え難かったからです。恐れのあるこの内部がそれでも唯一の避難所だからです。出口なしです。いきどまりの無－場所、非－場所です。

この一節が私には註解しているテクストの中心をなすものと思われます。すなわち「イスラエルにとっての出口なし、は全人類にとっての出口なしである。すべての人間はイスラエルの民である。」

私なりに言えばこういうことになります。「私たちは全員イスラエルのユダヤ人である。」私たち、すべての人間は、です。この内部、それが普遍的受苦としてのイスラエルの受苦なのです。

《敵に語りかける》

出口なし、入口なし！　危険な外部よりは恐れ戦く内部の方がまだましだ、という勧告に、絶望のもう一つの別の解決策が対置されます。追放という危険の方への逃走、「充溢」のうちへの逃走、というのがそれです。火災でも伝染病でもなく、ここで問題になっているのは飢饉です。

こういうバライタが存在する。「もしも街に飢饉があれば、歩みを散らせ（拡げよ）。というのは、こう書かれているからだ（『創世記』一二・10）。『さて、この地には飢饉があったので、アブラムはエジプトにしばらく滞在するために、下っていった。』」

註解者たちは、その深い敬神の念ゆえに、ここである本質的な区別を行っています。すなわち絶対的な、絶滅的な飢饉（それがアブラムを約束の地から遠ざけます）と、飢饉がまだそれほどひどくない時に、約束の地から逃れたエリメレクの場合（『ルツ記』一・2）とを区別しているのです。まるでエリメレクは一旗あげにアメリカへでも移民したかのような扱いをされるのです！　罪深き移住、それがエリメレクの家族の解体の原因となります（そしてその解体の中からルツの改宗という美しい話が出てくるのです。ルツの改宗あるいは帰還、それは旅立つ必要も、帰還する必要もなかったものの帰還、状況の激変あるいはメシアの可能性を指しているのです)。

さらに、こうも書かれている(『列王記Ⅱ』七・4)。「たとえ、私たちが街に入ろうと言っても、街は飢饉なので、私たちはそこで死ななければならない。」

「さらに」で始まるテクストは包囲され飢餓に苦しむサマリアの物語にかかわります。街から放逐されていた癩病患者たちは、いささかなりと食物を得るために、敵の陣営、すなわち街を包囲しているアラム軍のもとに行くべきかどうか思案します。包囲され、自分たちの食べるものにさえ事欠くサマリアの街のひとからはとても食物を得られるはずがないからです。さてここでサマリアのことを引き合いに出したのは何をねらってのことなのでしょう。それがまさしくテクストが問いかけることなのです。

この「さらに」は何の役に立っているのだろう。もし、この「さらに」がなければ、人々は、行く先の土地に生命を脅かす何の危険もない場合には、この教えは有用だが、移動が危険にいたる場合には、有用ではない、と思うかも知れないからである。それゆえ、続いてこう書かれているのである。『さあ、アラム人の陣営に入ろう。もし彼らが私たちを生かしておいてくれるなら、私たちは生きのびられる。』」

このあとどうなったかは皆さんご存じのとおりです。癩病患者たちがアラム人の陣営に入ってゆくと、そこにはもうアラム人はいなくなっていました。もう逃げ出したあとだったのです！　癩病患者はさっそく手当たりしだいに食べたり飲んだり、金銀をふところに入れましたが、やがて、話し合いのすえ、いくら癩病患者だとはいえ、街にこのグッド・ニュースを伝えず、飢えている一般市民たちに戦利品のぶんどりから締めだしておくというのはいかにも不当であるということになりました。このテクストが何を言わんとしているかは私が改めて繰り返すまでもないでしょう。見るべきなのは、絶滅の時、すなわち外には剣、内には恐れの時には、「危険に向かって逃走する」という手がある、ということです。アラム人のもとであっても行け！　これが長い歳月のうちにイスラエルが錬成した経験の教えるところなのです。もし人間たちへと向かう出口の指標がないならば、その時にはこう考えよ。たとえ彼らが敵であったとしても、飢饉が象徴する始原的事象（あるいは「無」）よりはむしろ人間たちの方にまだしも希望を持つ余地はある、と。これはロベール・ミズライが説くテーゼとあい通じるような立場なのでしょうか。あるいはわが身を危険にさらしても、いかなる代価を支払っても平和を、と説く人々に通じるような立場なのでしょうか。私には分かりません。いずれにせよ癩病患者たちはこの立場を見事に貫徹しました。というのもアラム人たちはすでに逃れ去ったあとで、彼らは敵の無人の陣営にぽつんと取り残されたわけだからです。

《絶滅はすでに開始している》

しかし、そのあとの続くテクストが展開する概念は「絶滅の暴力よりも強い合理性」にまっこうから反対します。

こういう、バライタが存在する。「もし死の天使が街にいれば、街の中央を歩いてはならない。というのは、死の天使は通りの中央を走るからだ。彼らに残された自由を利用して、死の天使は公然と歩き回る。もし街が平穏であったならば、通りの端を歩いてはならない。というのは、自由の恩恵を受けられないので、死の天使は身を隠しながら進むからだ。」

ここには絶滅的暴力がどこにでも、いつでも存在するということが示されています。戦争と平和、戦争とホロコーストの間に根源的な差異は存在しません。絶滅は平和の時にすでに開始しています。死の天使が公然とは登場してこない時にも、いまだ知られざる時にも、それとして名指されぬ時にも！　これはホロコーストに戦争と悲惨を帰着させる人々のテーゼそのものです。彼らは社会的不正とあらゆる形態の搾取を殺戮の婉曲な表現であると考えます。結局、このひとたちもバルク教授のように、神はほんとうは万軍の主であると言うことになるはずです。いたるところに戦争と殺戮は姿を隠しており、暗殺者たちはすべての暗がりにひそんでいて、こっそりとひとをあやめる。平和とアウシュヴィッツの間に根源的な差異は存在しない。これ以上の悲観論はあるまいと私は思います。悪は人間の責任を超えており、理性が瞑想にふけるような手つかずの片隅さえ残してはくれないというのですから。
このテーゼがまさしく人間の無限の責任への訴求でないなら、疲れを知らぬ覚醒への訴求でないなら、絶対的不眠への訴求でないならば、これ以上の悲観論はあるまいと私は思います。

《シナゴーグの平和》
これと続くテクストとの論理的脈絡は何でしょう。孤立のうちへ逃げ込むことではありません！　一人で神に祈っていれば平和だという思考の危険性への注意です！　無人のシナゴーグのうちで夢想に耽ることの危険性への注意です！

こういうバライタが存在する。「もし街に飢饉があれば、祈りの家へ一人で行ってはならない。というのは、そこに死の天使が自分の道具を置いてあるからだ。けれども、この教えが真であるのは、学校に通っている子供がそこで聖書を読まない場合、祈りをするのに一〇人のひとが揃わない場合に限られる。」

けれどもまた風に乗ってやって来るものについても鼻をきかせなくてはなりません。本能の教えるところにしたがわなくてはなりません。

こういうバライタが存在する。「犬が吠えるのは、街に死の天使が入って来たからだ。犬の機嫌がよいのは、街にエリが入って来たからだ。けれども、それは犬たちの間に雌犬が一匹もいない場合に限られる。」

シナゴーグや教会の虚構の平和のうちに逃避してはなりません！　このことについてはもう話したとおりです。ただし、そこに生命がみなぎっている場合、聖書を学ぶ子供たちがいる場合、祈りが集団性から発される場合、そういう場合はその限りではありません。それは孤立のうちに平穏を求めることとはちがうからです。公共的な祈りが行われないシナゴーグや学びの場所ではないような聖域に武器は備蓄されるというテーゼをクラウゼヴィッツだったらどう考えるか、私には分かりません。けれども、おそらく、そのような場所でイデオロギーや対立やさまざまの殺意をはらんだ思考が誕生するのだろうとは思います。聖書を読む子供たちがいる時、心の中にひそむ殺人の道具はその破壊力を失うのです。

引用した最後のテクストによりますと、犬が吠えるのは、死の天使が街に入って来たしるしです。もし意地の悪い犬たちが機嫌よくなったら、それはエリ、つまりメシアの先駆けの到来したしるしです！　ただし、犬たちの間に雌犬がいない、という条件つきで！

最初の関連は無条件に肯定されます。犬たちは本能的な、非合理的な予見能力によって吠えます。犬が最初に死の天使の到来を知覚するのです。けれども若い犬たちが有頂天になって、街路に楽観的な気分が満ちていたとしても、それは必ずしもメシアの到来の近いことを証示するものではありません。エロティシズムとメシアニズムを混同してはなりません！　雌犬の存在で喜ぶ犬たち、それは若さのもたらす救いの、ひとを欺く側面の一つを意味しています。単なる生の躍動（それは必ずしも純粋な躍動ではありません）に駆動される青年たちにとって、メシアの時はつねに間近です。けれども喜びの質に注意を払わねばなりません！　このとおり、タルムードはある種の洗練された、高度の、悦ばしき知識であるのです。

《ハラハーとアガダー》

最後の部分にやって来ました。ここでテクストの様式そのものがまた一変します。アガダー、すなわ、ちいばらと小麦の束についてのたとえ話からはじまり、意識的にそれがハラハーに変わり、それが再びアガダーとなって終わることになります。

ラヴ・アミとラヴ・アシが鍛冶屋のラヴ・イツハク[11]の前にすわっていた。一人はハラハーの、もう一人はアガダーの論じ方を尋ねた。一方があるハラハーを論じ始めたら、他方がそれをさえぎった。一方があるアガダーを論じ始めたら、他方がそれをさえぎった。

ラヴ・イツハクは鍛冶屋です。彼は火の平和利用法を心得ています。おそらく彼がここに登場するのは偶然ではないはずです。つい今しがた若者について語られたことと、これから語られることの間にはある連関があることが、これからお分かりになるでしょう。

そこでラヴ・イツハクは彼らに言った。「これから君たちにあるたとえ話をして上げよう。それは若いのと年老いたのと二人の妻を持ったある男の話である。若い方の妻は夫の白髪を抜いた。年老いた妻は夫の黒い毛を抜いた。とうとう男は頭の両側が禿になってしまったということだ。」

禿頭症が堕落ではなく頭蓋の脱毛に過ぎないことを私は知っております。頭蓋が知性で満ちている時（ラヴ・イツハクの場合がそれに当たります）、ひとは禿頭のことなど気にしないものです。とはいえ、しばしば禿頭は容貌を損なうものではありますけれど。

アガダーとハラハーがあります。アガダーとハラハーはこのテクストでは若さと老境にたとえられています。さきほど私はこの二つをちがう言い方で表わしました。ハラハー、それは行動の規範である。アガダー、それはこの行動の哲学的（ということは、つまり宗教的、道徳的）意味である、と。とはいえ、これらの定義は矛盾するわけではありません。あきらかに、若者たちから見れば、ハラハーは灰色の髪、単なる形式です。色彩を欠いた形式にすぎません。若い妻はそれを引き抜きます。つまり若者たちは解釈して、ついには、言葉の根を引き抜いてしまいます。年老いた妻、それは伝統的なものの見方のことです。つまりテクストを字義通りに受け取る正統です。年老いた妻は、もう使いものにならなくなってしまった髪を後生大事に保存します。彼女にはテクストを若返らせるという発想がありません。白い髪とはいえ、ちゃんと生えているのですから。まだまだ棄てたものではありません。彼女は反対に黒い髪の毛を抜いてしまいます。黒い髪の毛、それは活力を、はやる気持を、革新的な解釈を告知します。ここで問われているのはイスラエルという共同体の分裂そのもの、イスラエルが若さと非 - 若さに破裂するという事態です。そうなれば、いたるところ暴力が発生することになるでしょう。

若者と老人へのこの分裂、革命派と保守派へのこの分離は許されぬことです。伝統への拝跪も、新しいものへの拝跪も、等しくしりぞけられねばなりません！　霊性がその主権を失うからです。一方は革新をおしすすめようとして、いつしか舞踏や見世物の宗教を再び見出すことになります。他方は、白髪を大事がるあまり、いたるところに軽佻浮薄の風潮だけを見ることになります。さて、霊性とは重婚を犯すことではありません！　恐るべきなのは、若い妻と年老いた妻の二人の妻が表象する霊性の重婚という事態です。成熟が旧習の墨守を、青春があらゆる代価を支払っての新奇さの追求というふうに二元化してしまう事態です。

鍛冶屋のラヴ・イツハクはこんな結論を導き出します。

そしてラヴ・イツハクは彼らに言った。「君たちのどちらにも気に入る話をして上げよう。」

別の言い方をすれば、アガダーであるようなハラハー、ハラハーであるようなアガダーを君たちに話して上げよう、と言ったのです。

もし火事が起きて、いばらに燃え移ったら、この場合、火事は自然に燃え広がったことになる。その場合は、火を出した者が賠償しなければならない。

以下に続くのはハラハーです。しかしそれはすぐにアガダーに変わります。あるいはより正確に言えば、ハラハーとして読まれたアガダーに対照されるのです。

聖なるお方――そのお方は祝福されてあれ――はこう言われた。「私はシオンに火をつけた。『主はシオンに火をつけられたので、火はその礎までも焼き尽くした』(『哀歌』四・11)と書いてあるように。そしていつの日か私はシオンを再び火によって立て直すであろう。『しかし、私がそれを取り巻く火の城壁となる。私がその中の栄光となる』(『ゼカリヤ書』二・5)と書いてあるように。」

《鍛冶屋であるラビの教え》

ハラハーとアガダーの両方の特性を備えているという両義性、それはどんなハラハー、アガダーについてもあることですが、そのこと以外にラビ・イツハクは、破壊的な諸力の平和的な利用法に通じているこのラビは、火災によって引き起こされた被害に対する賠償に関して、私たちに何を教えようとしているのでしょう。

それゆえ火を出した者はその償いをしなければならない。聖なるお方――そのお方は祝福されてあれ――は言われた。「私は私が放った火について償いをしなければならない。」あるハラハーはこう教えている。ひとは自分の所有物によって引き起こされた損害の賠償から始め、そしてひとは自分自身によって引き起こされた損害の賠償にいたる。それは火によって引き起こされた被害は、矢によって引き起こされた被害に比較すべきものだということをあなたに教えるためである。

もし、あなたの所有に帰すべきものが原因で被害が生じたのであれば、それを償うのはあなたです。そう律法は定めています。しかるに、火は、その責任を軽減するどころか、さらに重いものとします。それは「放った矢の引き起こした」被害に比較されています。これはある特殊なカテゴリーを指示しています。あなたの家の屋根瓦が通行人の上に落ちて怪我をさせるような意味で、矢は単にあなたの所有に帰すばかりではありません。矢は破壊的なねらいを前提にしています。矢は誰かを標的にしています。私たちは、矢を放った者は物質的財貨に加えた破壊に対して賠償の責任を負うということを別のところで学んでいます。なるほど、そのとおりでしょう。しかし、それ以外にも四つ、償わねばならぬことがあります。怪我をした者に対する看護のかかり、怪我人が失業している間の賃金、怪我人がこうむった物理的苦しみ、怪我人の恥辱という精神的苦痛あるいは怪我によって廃疾者となったことによる怪我人の社会的地位の低下。ユダヤの律法は社会保障の観念をさきどりしていたのでしょうか。いずれにせよ、ユダヤの律法は他者の人格の重さと価値をわきまえております。

しかし、なんと奇妙な同定でしょう！　始原的で匿名的な力の突然の噴出と、ある限定された的をねらう射手の意志が同一視されるとは！　破壊されたものを再興する力が火にはありますが、その創造性は防衛的機能に限定されるのです！　始原的な力の平和的利用の専門家である鍛冶屋は、責任をその窮極にまで、つまり戦争というカオスにまで、おそらく国家社会主義によるホロコーストにまで、拡大します。ロベール・ミズライはおそらくこれを聞いて満足することでしょう。これこそ、彼が「社会民主主義」という言葉に託して言いたかったことのはずだからです。[12]この言葉は私たちにとっては軽々しく取り扱うことのできぬものです。といいますのも、少なくともヒトラーの支配下では、この言葉は堕落したユダヤ知識人のもてあそぶ抽象とみなされたことがあるからです。鍛冶屋であるラビに再び激励されて、私たちはあえてこの言葉を口にし、これを挑戦の言葉として投げつけてみなくてはなりません。そしてまたこう言わなければなりません。然り、戦争犯罪人、それは存在する！　白と黒の識別もままならぬ薄明の時間、一切のことが罰せられぬままに可能であるかに思える時間、その時間こそ償わねばならぬのだ、と。

これがこのテクストが私たちの弱まりつつある記憶に向かって教えてくれることです。もしテクストが私たちに告知していなければ、私はその主題については語らず話を終えていたかも知れません。しかし、現時点においてこのことは私たちにとって非常に重要であり、それなしには、戦争犯罪人が決してその罪を償うことがなかったはずである以上、それを口にしないわけにはゆきません。「シオンは再興されるであろう」と。

《破壊する火と防衛する火》

ラビ・イツハクは放たれた矢のイメージにまつわる法理的原則から一篇のアガダーを導き出しました。そのアガダーは栄光のうちでのエルサレムの再建、それを破壊する時に用いられたのと同じ方法、まさに防衛的なものとなった火による、エルサレムの再建を約束しています。さて、もしそれが貪婪で報復的な火が守護する城壁、防衛の城壁へと変容することのうちになかったとしたら、私たちにとって神の臨在の栄光はどこにあるのでしょうか。[13]

原注

（1） この講演は戦争を主題とした学会において行われた。

（2） 『戦争に直面したユダヤ意識』（*La conscience juive face à la guerre*, P. U. F., 1976, pp. 3-9）を参照。

（3） マイモニデスを読み、感嘆していたライプニッツはこの口伝律法の教理を知っていた。「（……）モーセはその律法のうちに霊魂の不死性にかかわる教理を全く入れていない。しかるにその教理は彼の考え方に合致していたので、手から手へと教え継がれたのである」（ゲルハルト版全集、第六巻、二二六頁）（強調は引用者）。

訳注

〔1〕バーバー・カマ　Baba kama　「先の門」の意。『出エジプト記』二一・22におけるひと、家畜にかかわる損害を論じる。

〔2〕このタルムード講話は一九七五年一一月九日、第一六回のフランス語圏ユダヤ知識人会議で行われた。大会のテーマは「戦争に直面したユダヤ意識」。レヴィナスの講話は大会初日の午前中に行われており、彼の前にロベール・ミズライが「戦争の哲学的分析の試み」と題する講演を行っている（Robert Misrahi, *Essai d'analyse philosophique de la guerre*, *op. cit.* pp. 3-9）。この講演の中でミズライはクラウゼヴィッツや毛沢東を引いて戦争の論理性の分析を提案している。戦争はつねに限定的であり、限定的である以上はそれなりのロジックにつらぬかれているはずであり、ロジックがある以上は「戦争を暴力の知性から平和の知性へ転換する希望もまた存する」（p. 7）、訳注13を参照。

〔3〕ロベール・ミズライ　Robert Misrahi（1926-　）フランスのユダヤ人哲学者。パリ第一大学教授。スピノザ研究の専門家。主著『ユダヤ的人間についての省察』（一九六二）、『マルクスとユダヤ人問題』（一九七二）。

〔4〕ラヴァー　Ravah（Raba）　紀元三―四世紀のバビロニアのアモーラ。似たような名前のラビがたくさんいるので特定が難しい。レヴィナスの表記とソンツィノ版の表記も異なっており、ちがう人物を指示している。訳者にはもとより異同をただす能力はない。

〔5〕ラビ・シモン・バル・ナフマニ　Rabbi Shimon bar Na'hmani（Samuel b. Hahmani）　紀元三―四世紀のパレスチナのアモーラ。

〔6〕シモーヌ・ヴェーユの旧約聖書批判に対して、レヴィナスは別のところで厳しい反批判を加えている。（拙訳『困難な自由』国文社、二〇〇八年、所収「『聖書』に反対するシモーヌ・ヴェーユ」一九七―二一〇頁

を参照。）

〔7〕『創世記』一八・23、「アブラハムは近づいて申し上げた。『あなたはほんとうに、正しい者を悪い者といっしょに滅ぼし尽くされるのですか』」。傍点部は原文では「ツァディック・イム・ラシャア」。「ツァディック」は「義人」、「イム」は英語の with に相当する前置詞、「ラシャア」は「悪人」。

〔8〕原文では「私はおまえのうちに火を放ちすべての湿った木とすべての乾いた木を焼き尽くそう。」「と」に対応するのが接続詞「ヴ」。

〔9〕ハイーム・ド・ヴォロジーヌ Haim de Volozine（Volozhiner, Hayyim ben Isaac）（1749-1821）リトアニアの非ハシディズム運動の指導者。一八二〇年代に彼が創設したイェシヴァーは東欧の近代タルムード教育の範例となった。『ネフェシュ・ハ・ハイーム』（生命の魂）は彼の遺作で、イェシヴァーの生徒にあてた教育哲学の書。その中で彼はトーラーの学習を神との無媒介的コミュニオンのための方法として宣揚している。彼は神秘体験を重視せず、当時リトアニアで争われたハシディームとミトナグディームの論争で後者の立場を代表した。レヴィナスの学統の淵源の一人であるといっていいだろう。

〔10〕『創世記』一・3―4、「その時、神が『光あれ』と仰せられた。すると光ができた。神はその光をよしと見られた」。邦訳の「よしと」に相当するのが「キ・トヴ」。「キ」は英語の that に相当する接続詞。「トヴ」は good にあたる形容詞。

〔11〕ラヴ・イツハク　Rav Yitzhak（Isaac Nappaha, the simith）「鍛冶屋のラヴ・イツハク」として知られる紀元三世紀のパレスチナのアモーラ。

〔12〕ミズライはその講演の中で「戦争と夜の対極にあるもの」つまり「光と自由」を求めるユダヤ民族のめざす政治的表現は「社会民主主義」（socialisme démocratique）であると言明している（原注2前掲書、p. 5）。

〔13〕この講話の行われた七五年一一月は、第四次中東戦争（七三年一〇月）、アラブ産油国の石油戦略発動

（それによる日本やＥＣの親アラブ政策への転換）、ＰＬＯの組織的確立（七四年一〇月）といった、中東を震源とする一連の国際的変動の直後に位置している。フランス国内での（とりわけ左翼陣営における）反シオニズム風潮の高揚という否定的状況に直面して、孤立感を深めるフランス・ユダヤ人の不安が講話にも確実に反映している。

事実、個々の講演が終わるたびに、聴衆をまきこんだ熱のこもった質疑応答があり、そこでは中東戦争への賛否、ＰＬＯとの対応、イスラエルの倫理的使命と生存権、といった焦眉の問題について、文字通りの激論が交わされた。議論はミズライに代表される「イスラエル全面・無条件支持」派に対して、ウラジミール・ラビらがイスラエルの倫理的責務を掲げて批判を加える、という対立構図をあきらかにした。レヴィナスの講演についても、ラビは「提言としての具体性に欠ける」という批判を加えている。

本講話の結語を読んだ読者の多くは、レヴィナスが「防衛的」戦力の利用による「シオンの再興」を支持している、と理解するだろう。だが、これをもってレヴィナスを「シオニスト」と決めつけて、本講話を宗教的なカモフラージュを施した政治的プロパガンダと分類してしまっては、あまりに実りがない。合田正人（『レヴィナスの思想』第Ⅳ部第二節、弘文堂、一九八八年）が精密な検証を行っているとおり、レヴィナスのイスラエルの政治へのスタンスは非常にデリケートであり、矛盾しているようにさえ映ることがあり、これを簡潔に定式化することはたいへんに困難である。もとより訳注の扱うようなテーマではない。けれども、レヴィナスの主張が、あきらかにシオニスト的なミズライの主張と一線を画すものであることだけは知っていてほしい。少し長くなるけれども、論脈だけ要約しておこう。

ミズライは、クラウゼヴィッツにならって、戦争を一種の政治手段として考察し、その目的によって戦争の当否を決する。すなわち、「侵略的」な戦争は「戦争を始める戦争」、すなわち「不正なる戦争」。「防衛的」な戦争は「戦争を終結に導く戦争」、すなわち「正しい戦争」である。

「もし、私たちが仕掛けられた戦争に応酬しなければ、私たちは永遠に侵略者の支配に屈して生きなければならぬでしょう。そうなれば侵略者はますます侵略の地を広げようとするでしょう。(……) 防衛者はつねに道徳的に優位にあります。(……) ですから、防衛する者が結果的には必ず勝利するのです」(原注2前掲書、p. 9)。

ミズライにとって中東戦争は「祖国防衛戦争」である。ゆえに、ためらいなく「正義の戦い」として規定される。単純にして明快だ。

一方のレヴィナスも戦争を二つの界域に切り分けるけれども、それは侵略か防衛かという戦争目的の種別に基づくものではない。講話のあとの質疑応答でも、レヴィナスは「火を統御できる鍛冶屋と人間の手に負えない火をはっきりと区別することが必要だ」と語っているが、重要なのは、暴力がどのような統御システム(「秩序」)のうちにあるか、どのようなコンテクストの中で、どのような意味を担って機能しているか、を問うことなのである。

暴力は、統御可能な、創造的な様態(「鍛冶屋の火」)から統御不能の破壊的な様態(「カオス的暴力」)にいたるまで、明確な境界を持たぬままに、漸層的にひろがっている。ある暴力に際会した時、私たちはそれが、その時のコンテクストにおいて、統御可能か不能か、再興の火か破壊の火かを、自らの責任において判断しなくてはならない。それが暴力の世界に生きる私たちの責務だからである。

ことは単純に「よい暴力」と「悪い暴力」の二元的分類でかたがつくものでも、一切の暴力を無条件に廃絶し、イスラエルを倫理的な理想国家に、という抽象論でかたがつくものでもない。「困難で、複雑で、矛盾する現実とわたりあう」ためには単純で明快なレディ・メイドの図式をあてはめてみせるだけではすまされない。

さしあたり必要なのは、暴力の本性を熟知し、それに基づいて冷静で忍耐強い統御の習練を積むことである。そのためには、あらゆる矛盾を包摂しうるような思考でありながら、なお決断しうる思考、あらゆる価値観の解体に耐えながら、なお窮極的な「理性」の支えを信じうる思考を鍛え上げてゆかなければならない。

イスラエルにかかわる時のレヴィナスの歯ぎれの悪さは、彼の党派的なジレンマに由来するものではない。それは誰も解答できない問い、答えのない問い、ただ「問いの下に強調の線を引いてみせる」ことしかできない問いを前にして、ひたすら問いを深めてゆくことを自らに課しているひとだけが到達しうる、そのような希有の「口の重さ」なのである。

訳者あとがき

本書は Emmanuel Lévinas, *Du sacré au saint, cinq nouvelles lectures talmudiques*, Les Éditions de Minuit, 1977 の全訳である。

タルムードが何であるかについては『タルムード四講話』（拙訳、国文社刊、一九八七）の序言にレヴィナス自身の懇切な説明があり、タルムード講話が何であるかについても同書のあとがきで触れておいたので、ここではもう繰り返さない。

本書には一九六九年から七五年まで、中断をはさみながら、フランス語圏ユダヤ知識人会議の席で行われた五回の講話が収められている。扱われている主題は「革命」、「若者」、「神秘主義」、「女性」、「暴力」。六〇年末から七〇年前半にかけての緊急な思想的問題群が並んでいる。

はじめの二つはいうまでもなく「六八年五月」を、「神秘主義」は当時の「カウンター・カルチャー」の随伴現象であったオカルティズムを、「女性」はそのころから戦闘性を強めていたフェミニズムを、「暴力」は中東戦争を、思索の直接の契機としていると考えられる。

レヴィナスの「反時代性」については繰り返し指摘されているが、今あらためて二〇年近く前にこれらの講話が語られた時代「状況」を回想してみると、レヴィナスの思考の「反時代性」（それが結果的には「先見性」を意味したことになるわけだが）に胸を衝かれる思いがする。

自らのイノサンスを信じて疑わない「学生の叛乱」に「進歩的」知識人たちがわれさきにラヴ・コ

ールを送っていた時代にあって、有責性の自覚をともなわない「正義のゲヴァルト」はファシズムと本質的に選ぶところがない、とレヴィナスは冷静に指摘した。

革命的行動とは「意識の裂断状態」「革命を不可能にするかもしれない」精神的危機を引き受けることであり、「すべての政治的目標の外部にある、かすかに感知しうる一つの理想」に仕えることである、というようなレヴィナスの主張の真意を理解できた「革命派」は当時も（不幸なことにおそらく今も）きわめてまれであると思われる。たとえば訳者のごときが六九年当時このテクストを読んでいたとしたら、「きわめて反動的な、ほとんど時代錯誤的なブルジョワ・イデオローグによる非行動のアポロジー」というようなレッテルを貼って事たれりとしていたのではないかと思う。おそらくそのような表層的な評価をレヴィナスに下していた「革命的」な学生たち、「革命的」な同伴知識人たちは六九年のフランスにも少なくなかったのではあるまいか。

けれども、あれから二〇年を経過してふりかえってみると、学生の叛乱が、自らの無垢性、無謬性を遡及的に審問する契機をもたぬがゆえに、ついに「倫理」を確立することができず、「革命的」暴力を無制御のまま解き放ってしまったという悲痛な事実だけが心に重い。（個人的なことだけれども、訳者は当時二人の友人を「革命的」正義の名のもとにふるわれた暴力によって失った。「若者」の「叛乱」を無批判になつかしむ人々に対してはだから懐疑のまなざしを向けずにはいられない。）

「あらゆる政治的な疎外を克服しても、なお克服しえぬ何か」を克服するためには政治的革命以上の審級が求められる、というレヴィナスの「反時代的」発言に時代を超えた明察を訳者は見出す思いがするけれども、それに共感するひとも今となってはそれほど少数ではないだろう。

「神秘主義」を主題にした第三講では「カウンター・カルチャー」から今や「トレンディー」になった観のあるオカルティズムが扱われている。「神聖なるものはつねに頽落する」という洞察、そしてそのような「頽落態」を悪しきものとしてしりぞけるのではなく、知の対象として考究し続けようという指示のいずれをとっても、こんにち隆盛をきわめている「気」や「霊」にかかわる「ニュー・サイエンス」や「サイキック・ニュー・ウェーヴ」のプロパンガンディストの境位とは隔たること遠いといわねばならない。

中東戦争に触発された第五講については、訳注にいささか思うところを述べたのでここでは繰り返さない。

訳者が個人的にいちばん衝撃を受けたのは第四講「そして神は女を造り給う」である。これはフェミニズム批判のテクストとして読むことができる。それが訳者には驚きであった。管見の及ぶ限り、「男性と女性は非等格であり、男性は女性に対して優位であらねばならない」というような見解を「哲学的」言説として語り出すような「勇気」をもった男性は六〇年代以降にはいなかった。（もちろん中年男性誌でのフェミニズム批判のごときはここには数えない。）

レヴィナスはこの時の会議の基調である「女性とは『際立って他なるもの』であり、女性との出会いこそ卓越した他者との関係である」という男性サイドからする、いささかおもねった感じの共通了解に（それが用語上はいかにも「レヴィナス的」であるにもかかわらず）疑問を投げかけている。そしてゲマラーの「女のあとについてゆくよりはライオンのあとについてゆく方がましである」という一節の教えるところを解く。

「親密なるものの甘美さ」より「戦いと野心」「人生のあらゆる残酷さに耐えて生きること」を男性は選ばなくてはならない、とほとんど「ハメット＝チャンドラー」美学を思わせる言葉を私たちはそこに読むことになる。レヴィナスはゲマラーに託して「男性と女性は完全に等格である」という命題をしりぞける。「現実の人間どうしの間では、いかなる従属関係も持たないような抽象的な等格性は認めることができない」と。なぜなら「二つの等格的存在者が自立していれば、必ず戦争がおこる」からである。

現在のフェミニズムをめぐる議論で、レヴィナスがここに提示した問題準位に達しているものが果たしてあるだろうか。男女の「非等格性」の必須を、フェミニズムによって達成されるであろう「解放」と「平等」のさらに先の問題として考察するような思惟の深みは八〇年代の末にあってさえ「例外的」なものといわねばならない。

けれども「両性間の完全な等格」を家族構成原理とした七〇―八〇年代の、あのわが「ニュー・ファミリー」イデオロギーが、両性間での権利請求と義務分配の、不毛で終わりのない「戦争」の結果、統合原理として無効であったことが経験的に暴露されてしまった今、「性差」の問題をめぐるレヴィナスの先見性と、その思索の真の射程はあらためて論じられるべきではないだろうか。

いささか当世ふうな問題意識によりかかりすぎた解題になってしまったが、すぐれたテクストは必ず読者の「今、ここ」での思想的宿題に光を投げかける。レヴィナスが繰り返し言うとおり、「人間に関するあらゆる問題はすでに考察され抜いている」からだ。

個人的な生活で困難に遭遇したとき、そこから「逃避する」ためにではなく、その困難に立ち向かい、その困難の本質を究明するためにこそ「哲学書」を読む、というひとはあまりいないようである。病気の時にヘーゲルを読んで勇気づけられたとか、生活苦の時ハイデッガーを読んだら救われた、というような話を訳者は寡聞にして知らない。ましてフランス「現代思想」の類などは、よほど精神的に「攻撃的」「意欲的」になっている時でなければ手にとる気にさえなれない、というのがおおかたの読者の本音ではないだろうか。

しかし、レヴィナスは違う。レヴィナス哲学は、レヴィナスが主題として取り上げる「困難で、複雑で、矛盾した現実」と、げんに私たちがわたりあっている時、そしてそのような「現実」に圧倒されて息たえだえになっている時にこそ、滋味深い。そのような意味では、レヴィナス哲学はきわめて「実用的」である、とさえいえるだろう。「反時代的」でありながら、なお「実用的」である、という複雑な性格のうちに訳者はレヴィナスというひとの成熟を感じるのであるが、読者諸賢はいかがであろうか。

今回の翻訳には八七年にパリでレヴィナスに数時間インタビューすることができた経験がおおきく影響している。そのひとの語り口、そのひとの息づかいというものを短時間ではあれ実感できたことによって、翻訳の言葉遣いに生身のレヴィナスの肌ざわりのようなものがいくぶんかは出せたような気がする。翻訳の難所でつまった時は、レヴィナスの写真をながめ、テープの声を聴き、よく読みとれない手紙の文字をつらつら眺め、「このひとは一体、私たちに何を伝えたいのだろう」と思案した。話し相手の顔をまっすぐにみつめて、熱情的に語り続けるレヴィナスの相貌を思い出すと、「このひとは絶対に私たちにも分かることを、私たちが緊急に理解する必要があることを語っているにちがいない」という確信が湧いてきて、なんとか難所を切り抜けることができた。もちろん訳者の未成熟と浅学ゆえにレヴィナスの意を取り違えている箇所も多々あると思う。諸賢のご教示を伏して待ちたい。

翻訳に際して、今回も日本ユダヤ教団のラビ・マイケル・シュドリックと、那須雄二先生に懇篤なご教示を賜った。貴重なお時間を割いて、初歩的な質問にことこまかにお答え下さったお二人に深い感謝の意を表したい。刺激的な論考『レヴィナスの思想』(弘文堂、一九八八)を通じて訳者のレヴィナス理解をさまざまな意味で触発してくれた畏友合田正人氏にも感謝の挨拶を忘れることはできない。

国文社の中根邦之氏の変わらぬ暖かい配慮と懇切な叱正にはただただ深く叩頭するばかりである。

一九八九年八月

訳者

新装版のための訳者あとがき

みなさん、こんにちは。内田樹です。

『タルムード新五講話』お買い上げありがとうございます。たぶんこの本を買われた方は『タルムード四講話』もお買い上げになっていると思います。こちらを先に手に取られた方は、「じゃあ、これ買うのやめて、『四講話』から読もう」と思われたかもしれませんが、別にそんなに厳密に時代順に読む本ではありません。どこから読んでも同じです。同じというと言い過ぎですが、賢者の言葉というのは、いつどのような場面で語られたものであっても、味わい深いものですから、時代順に読まないと意味がわからないということはありません。どこから読まれても大丈夫です。ですから、手に取ったのも何かのご縁ですから、どうぞそのままこの本を手にしてカウンターまで行って下さい。

レヴィナスがフランス語圏ユダヤ人知識人会議という内輪の集まりでタルムードの解釈を始めたのは一九六一年からです。六一年と六二年の講話は『困難な自由』に、六三年から六七年までの四つのタルムード講話は『タルムード四講話』に、六九年から七五年までの五つが本書に収録されています。これ以後のものは『聖句の彼方』(合田正人訳、法政大学出版局、一九九六年)に六篇、『諸国民の時に』(同、一九九三年)に五篇が収録されています。出版社も違いますし、編集の仕方も違いますから、レヴィナス自身も「私のタルムード講話は時代順に、きちんと系列的に読んで欲しい」というふうに考えてはいなかったように思います。

レヴィナスがモルデカイ・シュシャーニ師についてタルムードの伝統的釈義法を学んだのは第二次世界大戦後のことです。レヴィナスはリトアニアにいた少年期からヘブライ語を学んではいましたが、近代的な学制の中で教育を受けたために、イェーシバー（律法研究のための学塾）に入学して、律法学者に就いて正式のタルムード釈義を学んだことはありませんでした。その意味では晩学の人だったのです。けれども、おそらくレヴィナスがシュシャーニ師から学んだ知性の使い方は「種族の知恵」として、「家風」として、レヴィナス自身のうちに深く根を下ろしていたものでした。というのも、ユダヤ人たちはタルムードについての知識の有無にかかわらず、ほとんど呼吸するようにユダヤ人独特の知的な技法を駆使し続けているからです。レヴィナスが師から教えられたのは、彼自身がそれまで哲学研究において用いていた「知性の使い方」が、実は民族の伝承に由来するものであり、律法の博士たちがその叡智を振り絞って長い時間をかけて熟成させてきたものだったということでした。

タルムード講話の冒頭では毎回レヴィナスはその場に聴衆として立ち合っているタルムード学者たちに向かって、自分の浅学に対する寛容を求めています。これは決して謙遜ではないと思います。希有の師に就いて学んだとはいえ、レヴィナスはタルムード解釈についてはわずか数年の修業の経験しかなかったからです。数十年にわたって律法だけを研究してきた専門職の人々をさしおいてユダヤ人知識人を代表してタルムード解釈する機会をレヴィナスは与えられたのです。それはタルムード解釈が要求するのは「知の量」の多寡ではなく、「知の用い方」の独創性であるということについては、ユダヤ人たちの間で暗黙の合意があったからだと私は思います。おそらく、五〇年代の末から、フランスのユダヤ人社会内部では「レヴィナスのタルムード解釈は類を見ないほどに独創的だ」という評価が定着していたのでしょう。だからこそ、フランス語圏ユダヤ人知識人会議では、アンドレ・ネエルの行う聖書解釈に並ぶ「二枚看板」として、タルムード学者としては経験の浅かったレヴィナスのタルムード講話が恒例化されるということになったのだと思います。

レヴィナスがその哲学的著作によってフランス国内で注目を浴びたのは『全体性と無限』(一九六一年)からですが、それはレヴィナスのタルムード講話が始まった年でもありました。これは偶然ではないと思います。レヴィナス哲学の熟成とタルムード解釈の蓄積の間には深い相関がある。僕はそう確信しています。どこがどう相関しているのか、それについて語り始めると本を一冊書かなければならなくなるので、この話はこれ以上はしませんけれど、フランス語圏ユダヤ人知識人会議の年次行事であるタルムード解釈が哲学者の「余技」や「趣味」ではなかったということはぜひご承知置き頂きたいと思います。タルムード講話は、レヴィナスがおのれの知性と感性と霊性の全力をあげて取り組まなければならない重要な仕事だったのでした。

復刻に当たってはあきらかな誤訳誤記を訂正した他は初版に手を入れませんでした。久しく絶版であったタルムード講話がこうして復刻され、手頃な価格でレヴィナスの読者たちに提供できるようになったことをほんとうにうれしく思っています。復刻を企画してくださった人文書院の松岡隆浩さんと初版の担当編集者だった国文社の中根邦之さんに改めてこの場を借りてお礼申し上げます。

内田樹

二〇一五年八月

著者略歴

エマニュエル・レヴィナス（Emmanuel Lévinas）

1906年、ロシア帝国領リトアニアに生まれたユダヤ人哲学者。23年、フランス・ストラスブール大学文学部に入学。後にドイツ・フライブルク大学に留学し、フッサールとハイデガーに学ぶ。31年、フランス国籍取得。第二次世界大戦ではフランス軍に通訳として参加するが、40年にドイツ軍の捕虜となり収容所で終戦を迎える。親族の多くがナチスの犠牲となった。46年、東方イスラエル師範学校校長に就任、本格的にタルムード研究をはじめる。61年、『全体性と無限』で国家博士号を取得し、ソルボンヌ大学教授などを歴任。95年没。日本でも1980年代以降、多くの著書が翻訳されている。

訳者略歴

内田樹（うちだ・たつる）

1950年東京生まれ。東京大学文学部仏文科卒業。東京都立大学大学院人文科学研究科博士課程中退。神戸女学院大学文学部総合文化学科を2011年３月に退官、同大学名誉教授。専門はフランス現代思想、武道論、教育論、映画論など。著書に、『レヴィナスと愛の現象学』『他者と死者』（ともに文春文庫）など。レヴィナスの翻訳に、『困難な自由』『観念に到来する神について』『超越・外傷・神曲』『暴力と聖性』『モーリス・ブランショ』（すべて国文社）がある。

JIMBUN SHOIN Printed in Japan
ISBN 978-4-409-03088-2 C0010

タルムード新五講話 新装版
――神聖から聖潔へ

二〇一五年一〇月二〇日 初版第一刷印刷
二〇一五年一〇月三〇日 初版第一刷発行

著 者 エマニュエル・レヴィナス
訳 者 内田 樹
発行者 渡辺博史
発行所 人文書院
〒六一二-八四四七
京都市伏見区竹田西内畑町九
電話〇七五(六〇三)一三四四
振替〇一〇〇〇-八-一一〇三

印刷所 創栄図書印刷株式会社
製本所 坂井製本所
装 丁 上野かおる

http://www.jimbunshoin.co.jp

エマニュエル・レヴィナス著／内田樹訳

タルムード四講話　新装版

二五〇〇円（税別）

人文書院